◆ポーランド史叢書9

王のいない共和国の誕生

福元健之

臨時国務評議会（1917年1月15日）
撮影場所は17世紀にワルシャワに建てられたクラシンスキ家の邸宅で、1765年に財務委員会の建物としてポーランド=リトアニア共和国が購入したため、共和国の邸宅とも呼ばれた。
Narodowe Archiwum Cyfrowe, sygn. 3/1/0/1/299

一）戦争の被害を受けたカリシュの中央市場

Narodowe Archiwum Cyfrowe, sygn. 3/1/0/9/1903/3

二）執務室のダシンスキ（戦間期）

Narodowe Archiwum Cyfrowe, sygn. 3/1/0/2/476

三）監禁先のマクデブルクで散歩するピウスツキ（中央）
Narodowe Archiwum Cyfrowe, sygn. 3/1/0/1/226

四）ニューヨーク市庁舎前で歓迎されるパデレフスキー行（1918 年 3 月 23 日）
Narodowe Archiwum Cyfrowe, sygn. 3/1/0/1/291/1

五）リヴィウ市内を行進する女性志願兵団（1918年11月）

Narodowe Archiwum Cyfrowe, sygn. 3/1/0/1/356/2

六）リヴィウ市内の巡回に従事する女性兵士たち。軍帽の装飾が粋である。

Narodowe Archiwum Cyfrowe, sygn. 3/1/0/1/356/3

王のいない共和国の誕生　目次

関連地図

Atlas historyczny Polski [1973], 43 を基に作成。地名は現代の国境に合わせた。ポーランド王国の国境線は 1900 年ごろのもので、1912 年にヘウムを中心とした県がロシア帝国に編入されていたため、第一次世界大戦開戦時のポーランド王国はこの地図よりも小さかった。ポーランド王国内の線は、上の部分がドイツ占領地域、下の部分がオーストリア占領地域を意味する。

王のいない共和国の誕生

序章

第一共和国と第二共和国の間(はざま)

一九九七年に採択された憲法でポーランドが「第三共和国」と規定された翌年、同国上院は、この共和国と「第二共和国」との法的連続性を決議した。[1] ここには、体制転換をへて今日に至るまでのポーランドの公式的な歴史観がもっとも簡潔かつ鮮明に提示されている。第二共和国とは戦間期のポーランドを、第一共和国とは近世のポーランド＝リトアニア共和国を指す。冷戦期のポーランド人民共和国は、そうした「正史」からのいわば逸脱とみなされているのである。もっとも、本書の焦点は、そうした逸脱をめぐる是非にではなく、第一共和国と第二共和国の間にある。

近世ポーランド＝リトアニア共和国の国制に関して、これまでわが国では、井内敏夫、白木太一、小山哲たちが中心的に論じてきた。近世ポーランドにおいて、共和政とは、君主政・貴族政・民主政の混合政体を意味し、選挙王制であれ、世襲王制であれ、ポーランド語で共和国ないし共和政を意味したジェチポスポリタは、近世までは「王のいる」国家であった。[2] ところが、一九一八年に独立したポーランド共和国に国王は存在せず、人民共和国はもちろん、体制転換後のポーランドにも、君主はいない。フランス革命以後の近代世界で成立した共和国は原則として国王を戴かず、君主政と対立するものとしての近代的な共和国は、「民主共和国」と呼ばれる。第一共和国と第二共和国は、同じ「共和国」ではあっても、じつはその間には深い断絶があるのである。

国家と理解するにしても、国民と理解するにしても、ポーランドにとって共和国はアイデンティティの根幹をなす。しかし、共和国（共和政）は歴史的に大きな変容を遂げてきたし、しかも中近世まで国王が存在したポーランドは決して君主国と無縁であったわけでもなかった。いや、それどころか、ポーランド＝リトアニア共和国が一八世紀末にロシア、プロイセン、オーストリアによって分割された後、国家再興の動きの中で君主政の構想はむしろ主流派を構成した。

近代ポーランドにおける君主政

ポーランド＝リトアニア共和国は、一七七二年にロシア、プロイセン、オーストリアによる最初の分割を受けた。一七八八年から一七九二年までワルシャワで開催された四年議会は、事態を打開するために、五月三日憲法を採択した。同憲法では、選挙王制ではなく、世襲王制が採用され、国王スタニスワフ・アウグストの後には、ザクセン選帝侯が世襲王家に指名された。しかし、一七九三年と一七九五年の第二次および第三次分割によって、世襲王制に移行することなくポーランド＝リトアニア共和国は消滅した。[3] タデウシュ・コシチューシコに仕えたユゼフ・パヴリコフスキに関して考察した小山は、分割の時代に起きた二つのポーランド革命を指摘した。一つは、四年議会に示される立憲君主政に向けた動きであり、もう一方は、より急進的に「王のいない共和国」を目指したコシチューシコ蜂起である。[4]

その後、ナポレオン戦争をへて、ウィーン会議では、ロシア皇帝をポーランド王位に迎えたポーランド王国が成立した。当初、ポーランド王国には憲法や議会の設置が認められ、自由主義に理解のあるツァーリとしてアレクサンドル一世には大きな期待がかけられた。しかし、活性化する議会活動のなかでなされた公然たる政府批判を目の当たりにしたアレクサンドル一世は、徐々に憲法に定められた議会の招集を行わなくなった。そして、次にポーランド王位に就いたニコライ一世も同様であったため、一八三〇年に一一月蜂起が起きたのである。

山田朋子によれば、当時の蜂起の指導者たちの史料では、目指される政体は、「立憲代表制君主国」と表現された。[5] 正統主義を掲げるウィーン体制下では君主政を選ばないことには国際承認をえられなかった時代背景[6]もあるが、一一月蜂起は、国民との約束を履行する王の支配が望ましいと考えられたのである。早坂眞理の研究によれば、この蜂起の失敗に続いた「大亡命」の時代にも、大貴族アダム・チャルトリスキを中心とした亡命者集団のあいだでは「内部の紊乱が諸身分の力を破壊してしまう」共和政よりも君主政が望ましいと主張された。[7]

さらにその後、クリミア戦争(一八五三―一八五六年)にロシアが敗北してもポーランドの独立は実現せず、一八六三年から一八六四年にかけて再び起きた一月蜂起が挫折するなかで、独立運動は退潮した。しかし、君主政論はかたちを変えて維持された。宮崎悠によれば、ポーランドにおける近代的なナショナリズムの政党である国民民主党(一八九七年成立)の指導者であったロマン・ドモフスキは、長期的には独立を目指しつつも、まずは戦略的にロシア帝国での自治を獲得することを目標にした。[8] イデオロギーとしてのナショナリズムと、目的としての独立とのあいだに一定の距離があったことは、近年の帝国史研究が論じるところだが[9]、ドモフスキらの自治論は、現状のなかでの国民運動という意味では、君主政と親和的であったとみることができる。

確かに、一九一八年一一月に、ポーランドの軍総司令官と臨時国家主席の職位に就いたユゼフ・ピウスツキが属したのは、ポーランドの共和主義的潮流であった[10]。一九世紀末のポーランドでは、社会主義革命と国家の独立が両立可能と考えるポーランド社会党（一八九二年成立）が活動しており、ピウスツキは同党の幹部であった。ポーランド社会党は、一九〇六年に党の戦略をめぐって分裂し、ピウスツキは革命派を率いた。他方で、革命派と対立したポーランド社会党左派は、のちにポーランド王国およびリトアニア社会民主党[11]と合流し、ポーランドの共産党を設立する。

第二章で述べるように、ポーランドの諸政治運動のなかで最も早い時期に「民主共和国」としての独立を宣言したのは、ポーランド社会党革命派である。しかし、ピウスツキは、特定のイデオロギーに固執するよりも、その都度、最大の利益を引き出せる選択をする人物であったし、党とは別の権力基盤として、大戦前からともに軍事活動に従事してきた部下たちをもっていた。独立を目指したはずのピウスツキが、一九一七年七月までは、ドイツおよびオーストリアと協力関係にあったのは、そのためであった。ロシア帝国と交戦するドイツ帝国およびオーストリア＝ハンガリー二重帝国は、ポーランド人の戦争協力をえるためにポーランド国家の設立を約束し、立憲君主国としてのポーランド国家を創設すると一九一六年一一月に宣言したのである。

君主政からの歴史の見直しへ

従来の研究では、ドイツやオーストリアとたもとを分かったピウスツキが逮捕されてからは、一九一七年八月にスイスで成立し、やがて連合国から外交の代表と認識されるポーランド国民委員会に視点が移ってしまう。同委員会には、ドモフスキや、一九一九年一月から首相に就任したピアニストのイグナツィ・ヤン・パデレフスキが所属し、ヴェルサイユ体制を構築するパリ講和会議に出席したのもかれらであった。ピウスツキやドモフスキ、パデレフスキに焦点を当てて語られるのは、国際政治上のいわば「勝者」の視点からのポーランドの独立にほかならない。

これに対して、本書の著者は強い違和感をもっている。というのも、ドイツおよびオーストリアの約束した立憲君主国としてのポーランドのために、「ポーランド王国摂政評議会」（以下、摂政評議会とする）を中心とする政府が一九一八年一一月一四日まで機能し、それまでに構築された様々な公的機関や制度が第二共和国の基盤となったからである。実際に国王が就任することはなかったが、摂政評議会は、「ポーランド王冠」の名の下に統治をおこなった。そこで、本書では、摂政評議会に至るまでの君主政支持者に注目して、ポーランドの独立を従来とは異なる視点から捉えてみたい。

法学専門家のヤツェク・ケンジェルスキによれば、「ようやく一九一八年一一月二九日にポーランド国家は共和国になったのだが、それは、軍総司令官としてのユゼフ・ピウスツキによる一四日付の政令（史料⑦）に基づく、ポーランド共和国最高代表政府に関する彼の二二日付の政令（史料⑨）が施行されたことによる」[12]。現代ポーランドの独立記念日は、ピウスツキがポーランド国軍の最高司令官に就任した一一月一一日であるが[13]、この時点ではまだ摂政評議会は存在しており、ポーランドは共和国であると断定することもできない状態にあった。

しかし、他方で、私たちが君主政支持者を再評価しようとするときには、占領行為の正当化と結びつかないようにも注意しなければならない。この問題の深刻さは、今日のウクライナとロシアをめぐる情勢を想起してもらえたら十分に伝わるだろう。

第一次世界大戦中、ドイツ帝国やオーストリア＝ハンガリー二重帝国は、正統な統治者であったロシア帝国を軍事的に排除し、ポーランド王国を占領した。どのような遺産をもたらしたにせよ、それが国際法違反であった事実に変わりはない。苦々しく思いつつも、粘り強くロシアを支持したドモフスキは、やがて革命によってロシアの体制が変わるなかで、アメリカ合衆国やイギリス、フランス、イタリアといった連合国の諸政府からポーランド国民の外交上の代表として認められた。国際法的に正当な道を模索し続けたからこそ、ドモフスキやパデレフスキは独立後のポーランドで重要な政治的役職に就いたのである。著者は、このことを十分に踏まえるならば、君主政支持者の再評価と、占領行為を批判する国際規範の尊重とを両立させることは可能であると考えている。

本書の目的と問い

以上を前提に、本書は、君主政論が力をもっていたにもかかわらず、ポーランドが一九一八年に「王のいない」ジェチポスポリタ（共和国）となったことを考察する。「王のいた」政体から「王のいない」政体への変化を「共和国（ジェチポスポリタ）の革命」と捉え、この観点から一九一八年の独立がもつ歴史的意義を提示することが、本書の目的である。なぜ・どのように共和国の革命は実現したのか。これが、本書を貫く問いであり、本書は、先述のように、君主政支持者を軸にしてこの課題に取りくむ。

従来とは異なる視点を採用することには、次のような二つの利点がある。一つ目は、君主政論者の布置に焦点を合わせることで、民主共和国への舵切をより明確に理解できる方法論的視座が開けてくることである。また、二つ目としては、逆説的にみえるが、独立に前後する時期の連続性をより適切に理解できるようになることである。これらの利点が実際に有効であることは、池田嘉郎のロシア革命史研究に示されている。池田は、「なぜボリシェヴィキは成功したのか」、そして「なぜ臨時政府は挫折したのか」という異なる問いの答えが、じつは同じであると論じた[14]。本書に置き換えれば、なぜ・どのように摂政評議会は身を引くことになったのかに答えることは、なぜ・どのように共和国の革命は実現したのかに答えることに通ずるのである。独立後に機能したポーランドの諸統治機関は、その大部分が摂政評議会までの時代に整えられており、これまで不可視化されてきた君主政論者とポーランドの独立に光を当てる意義は大きい。

また、先ほど言及したロシア革命は、それがポーランドをめぐる国際情勢に大きな変化をもたらし、「共和国の革命」の道筋を規定したため、本書はロシア革命の周縁に関する研究とも位置づけられる。実際のところ、一九一八年に独立するポーランドには、立憲君主国か、民主共和国か、だけではなく、人民共和国としての独立論も存在したが、最終的には中間に位置する民主共和国が選ばれた。第三章および第四章でみるように、摂政評議会を最も根本的に批判したのは社会主義勢力や労働者ラーダであり、かれらもまた「共和国の革命」において不可欠の役割を担うことになる。

なお、特記なき限り、史料の翻訳は著者による試訳である。史料編に収めたテキストの出典情報は、史料編を参照してほしい。また、引用文中の〔〕は著者による補足、スラッシュは原文の改行を意味する。読みやすさのために必要と思われた箇所で、適宜使用した。

第一章　国家への希望

第一節　開戦直後の状況

ポーランド王国の人びとは、オーストリア皇帝帝位継承者夫妻が六月二八日にサライェヴォでセルビア人青年によって暗殺されても、いつもと変わらない夏の到来を信じた。ウッチの新聞では、暗殺犯ガヴリロ・プリンツィプの名前をもじって「原則〔プリンツィプ〕として戦争はしない」とのジョークすらとばされ、バルカン半島で起きたこの事件は対岸の火事として受けとめられた。[1]

しかし、七月後半にオーストリアがセルビアに最後通牒を通告したことを受け、セルビアの同盟国であるロシアが部分動員をかけたところから、雲行きが怪しくなる。ロシアの脅しに屈せず、報復を大義名分に掲げたオーストリアは七月二八日にセルビアへの宣戦布告に踏み切った。水面下では、ロシア皇帝ニコライ二世が、遠縁の従兄弟にあたるドイツ皇帝ヴィルヘルム二世との電報で、事態への懸念を語ったが、戦争を支持する国内の動向に押されて、七月三〇日にロシアで総動員がかけられた。[2] そして、翌日にドイツからロシアに動員の即時撤回要求がなされたが、ロシアは応じず、八月一日、ドイツが宣戦布告を宣言した。一八世紀末にポーランド＝リトアニア共和国を分割した国家間の戦争が、ここに成立したのである。

もっとも、ロシア軍、ドイツ軍、オーストリア軍のいずれにもポーランド人は従軍しており、ポーランド人を代表する統一的な政治綱領があったわけではなかった。数年後に対立し合う三つの帝国がすべて崩壊するなどと、開戦の時点では誰にも想像できていなかったのであり、非常事態の幕開けに際しては、どの勢力との協力から最も利益を引き出せるのかが模索された。そして、そうしたことは、臣民の忠誠を強化したい為政者にとってもたいへん好都合なことであった。

宮崎悠によれば、八月八日、ロシア帝国の国会（ドゥーマ）では、ポーランド王国の議員を代表して、ヴィクトル・ヤロンスキが、「領域的に分割されているとはいえ、我々ポーランド人は、我々の感情において、我々のスラヴ性への共感において、一つの国民として立ちあがらねばならない。〔……〕我々の流す血や、我々にとっては戦争において同胞を殺すことになるという、その悲惨さこそが、三分割されたポーランド国民に結合をもたらさんことを」と述べ、大喝采を浴びた。国民民主党の指導者として、ロシアよりもドイツに脅威を認めていたロマン・ドモフスキも、ヤロンスキの発言を高く評価した[3]。そして、こうしたポーランド側の動きに応じて、およそ一週間後の八月一四日、皇族の一員で、かつ当時のロシア軍総司令官であった大公ニコライ・ニコラエヴィチは、「ポーランド国民は、ロシア皇帝の笏（しゃく）の下、一体に結びつかねばならない。この笏の下、信仰と言語と自治において自由なポーランドがよみがえるであろう」と宣言する[4]。戦争勃発から一か月を経ずして、具体的な制度や実現時期も不明確ながら、ポーランドに自治的な国家の創設が約束されたのである。ニコライ・ニコラエヴィチの宣言は、ロシアとポーランドの新しい関係を予感させるものであった。

もっとも、団結ムードで盛りあがるペトログラード（当時、ドイツ語の響きのあったペテルブルクから、ロシア語風に改められた）とは裏腹に、前線となったポーランド王国でロシアへの忠誠は厳しい試練に直面した。カリシュやウッチはドイツとの国境付近にあり、開戦後まもなく前線となった。破壊された建物には、病院や民間の慈善団体のものも含まれ、民間人にも多数の死傷者がでた（口絵一も参照）。退却するロシア軍も、占領者による利用を恐れて工場を破壊し、農村から馬や穀物などを強制徴用したため、住民からの反感を買ってしまう。そうしたなかで麻痺状態に陥ったロシア帝国の官憲の代わりに政治を担ったのは、市民委員会と呼ばれる住民から構成される組織であった。

県や郡、都市、農村を単位として、一九一五年六月までにポーランド王国各地では五五四もの市民委員会が成立した。その際、委員会の活動にそれぞれの地域的文脈が色濃く反映したことも見逃せない。郡や農村での委員会では地主やカトリックの聖職者が主導権を握り、ワルシャワでは、由緒正しいシュラフタ家系の末裔ズジスワフ・ルボミルスキがその長として活躍する。[5]

やがてアレクサンデル・カコフスキ大司教および、地主で農学者のユゼフ・オストロフスキとともに摂政評議会を構成するルボミルスキは、当初はロシアとの協力関係に立つポーランド国民委員会（一九一七年八月に創設される同名の組織とは異なる）に所属した。ドイツがワルシャワを攻め落とすのは一九一五年八月ごろであり、それまでは勢力を盛り返したロシアの支配が回復する可能性を否定できなかった。そのため、そのような状況では、ポーランド王国の正統な支配者であるロシアを裏切って占領者のドイツやオーストリア＝ハンガリーに従うのは、決して容易なことではなかった。企業家や商人が中心となったウッチの市民委員会も、ヴィルヘルム二世の生誕日に合わせてドイツ帝国の国旗を掲げる要請を拒否し、ロシア支持を鮮明にした。[6]

しかし、ウッチのように一九一四年年内に占領された都市では、現実を受け入れるべきだとの意見がより早くからみられた。ユダヤ人医師セヴェーリン・ステルリングを筆頭にした知識人グループは、市民委員会の活動を統制する「市民評議会」を設置し、住民からの選挙に基づいて評議員を選ぶように提案した。ロシア帝政下のポーランド王国では、都市は自治権をもっておらず、行政への住民の参加は制限された。[7] ステルリングたちの行動は、長らく知識人のあいだでもたれていた民主化への要求が、ドイツによる占領のなかで一気に表面化したものとして理解できる。他方で、かれらに対して否定的な見解を示した市民委員会にとって、ロシア帝国のあずかり知らない状況で行政の民主化を試みることは、ロシアへの不忠を疑われる行為なのであった。[8]

やがてドイツは、ワルシャワ攻略に先駆けて、一九一五年六月一九日に占領地域に向けて都市法を導入する。これによって、自治体が市役所と市議会によって担われるようになり、さきほどのウッチの知識人グループが望んだ方向に進んだ。[9] 確かにニコライ・ニコラエヴィチ宣言はポーランド人からの共感をえたが、戦争の経過でポーランド王国の大半をロシアが失うなか、皮肉にも、着実に自治をもたらしたのは占領者であるドイツであった。関連地図にあるように、ポーランド王国はドイツおよびオーストリアによって占領される地域に分けられた。そして、それぞれの地域は、ワルシャワ総督府とルブリン総督府として着実に実効的支配が進められた。

こうしたなかで、ドイツおよびオーストリアの軍事的勝利を見込んだ行動は、ポーランド王国で着実にみられるようになる。一九一五年初頭に成立し、戦争によって深刻化した経済・社会問題をポーランド国家の樹立によって解決しようとしたポーランド国家連盟は、その重要な事例である。同連盟は、ポーランド軍の創設と、ロシアに対抗するための強力な「中欧」の国家連合の必要性を訴えた。当該の連合は、まずドイツ帝国およびハプスブルク君主国から構成され、さらにハプスブルク君主国のなかに、オーストリアやハンガリーと並んで、オーストリア領ポーランド（ガリツィア）と一体化したポーランド王国が組み込まれねばならなかったのである。[10]

そして、反対側のガリツィアでも、それに呼応する組織が成立していた。古都クラクフでは、一九一四年八月一六日に最高国民委員会が成立し、ドイツおよびオーストリア＝ハンガリーとの協力によってポーランド問題を解決しようとしたのである。ガリツィアの有力ポーランド人から構成された同委員会には、ガリツィアおよびシロンスクのポーランド社会民主党（一八九二年成立）幹部のイグナツィ・ダシンスキ（口絵二も参照）や、ポーランド農民党ピャスト派[11]のヴィンツェンティ・ヴィトスたちが所属した。

また、最高国民委員会は、ポーランド軍団を創設した点でも非常に重要である。オーストリアによって正式に認められたポーランド軍団の第一旅団の指揮官にはユゼフ・ピウスツキが任命され、ピウスツキは、一九一〇年に成立したクラクフの「射撃者」協会や、リヴィウの「射撃連盟」から旅団の構成員を集めた。[12]この旅団には、長らく行動をともにした忠実な部下が揃っており、ピウスツキが不在のときでも、他の政治勢力とコンタクトをとり、彼にとって有利な状況をつくる工作を行った。そのなかでも、エドヴァルド・リッツ＝シミグウィは、やがて重要な役割を果たすことになる。

先述のポーランド国家連盟が最高国民委員会と連携できたのは、軍隊の設置や戦略的パートナーとしてのハプスブルク君主の認識で一致したためであった。[13]他にも、最高国民委員会と協力した組織をもう一つだけ挙げるならば、それは、各地で成立した女性連盟である。一九一三年にポーランド王国で成立した女性連盟は、男女同権とロシアからの独立を目指して非合法活動に従事した。この時期の女性解放運動の愛国的性格の強さに関してはこれまでに指摘されているが[14]、独立に向かって最も踏み込んだのは、ジェンダーの平等を求めた女性たちであった可能性がある。ガリツィアやシロンスクの女性連盟（一九一五年成立）が、一九一六年八月に最高国民委員会に向かってポーランド王国とガリツィアを統一したポーランドの独立を第一の目標に掲げ、それを「ハプスブルク君主国との同盟」によって実現するべきだと主張したとき、独立と同盟の均衡は、前者に傾いていた[15]。

他方で、今野元が論じたように、ドイツ帝国では、ボグダン・フッテン＝チャプスキが、ドイツとの協力に基づくポーランド国家の創設に向けて行動した。ルボミルスキと同様に名門シュラフタの家系であったフッテン＝チャプスキは、多民族的な王朝国家としてのプロイセンのなかでドイツ人とポーランド人とが共存することを構想した[16]。大勢としてみれば、ロシアよりもドイツ帝国とオーストリア＝ハンガリー二重帝国が、さらにいえば、ドイツよりもオーストリア＝ハンガリーがより重要な協力者とみなされた。とはいえ、ポーランドの諸勢力の行動には、君主政を支持し、少なくとも当面は独立ではなく自治を目指すことで、じつは一致したのである。

第二節　蝕まれる日常生活

それでは、そのような政治的変化と並行して、人びとの生活が戦争によってどのような影響を受けたのかを次にみてみよう。

周知のように、第一次世界大戦は、世界史のなかで最初の総力戦となった。戦争遂行のために、様々な物資が前線に送られ、市民は苦しい生活を余儀なくされた。図表①は、一九一四年前半期を基準値（一〇〇）としたときの、ワルシャワでの生活費の変化を表している。一九一四年後半から一九一八年までの一年おきのデータでは、食事、燃料、衣服・靴が、年々上昇したことを読みとれる。住宅にかかる費用は漸減しているが、生活費全体は高くなり、家計は逼迫（ひっぱく）したと考えられる。ウッチに関しては物価の統計を利用することができ、一九一四年以前と比べると、一九一六年には、パンは三〜五倍、小麦粉やジャガイモは三倍以上、肉はおよそ四倍、石鹸は五倍以上にもなった。[17]

物価が上昇した一方、戦禍で多くの産業が打撃を受け、人びとの収入は不安定化した。図表2および3は、一九一六年のポーランド王国にて、一九一四年以前と比べて、活動している企業の数や、就業者の数が大きく減っていることを示すものである。炭坑業では活動企業に大

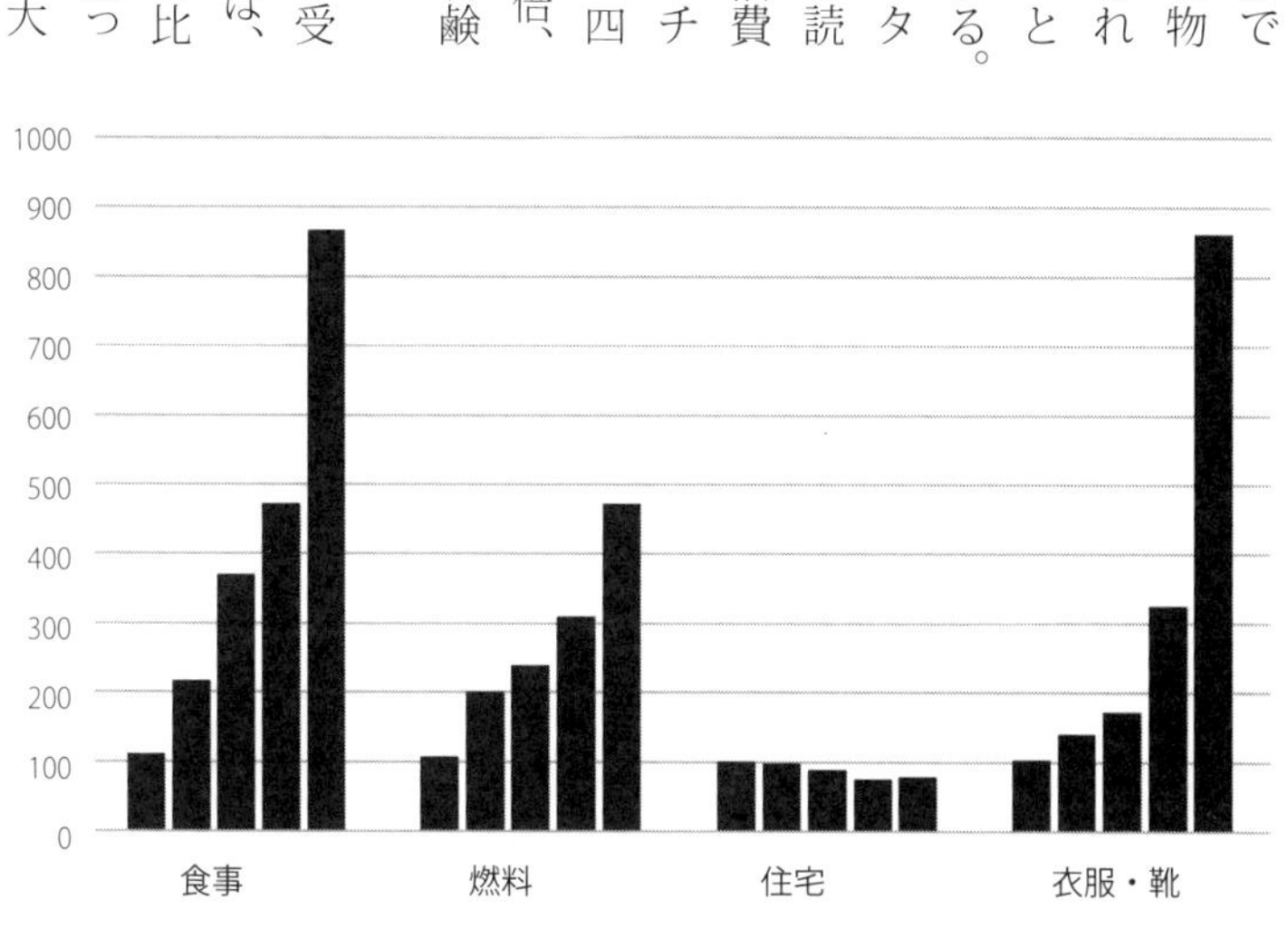

図表1 ワルシャワにおける生活費の変化（1914–1918年）

Kołodziej [2018], 106を基に作成。

図表 2　1916 年の企業

	1914 年以前の企業数（a）	1916 年最初の四半期に活動している企業数（b）	a と b の比率（%）
繊維産業	599	138	23.03
金属産業	1083	724	66.85
炭坑業	21	19	90.47
鉱工業	275	101	36.72
製紙産業	468	293	62.60
食品産業	510	387	75.88
衣服産業	672	410	61.01
化学産業	177	115	64.97
材木産業	509	265	52.06
その他	79	43	54.43
合計	4393	2495	56.79

図表 3　1916 年の就業者

	1914 年以前の就業者数（c）	1916 年最初の四半期の就業者数（d）	c と d の比率（%）
繊維産業	143171	31357	21.90
金属産業	45920	6398	13.93
炭坑業	18641	8478	45.48
鉱工業	14838	1142	7.70
製紙産業	10932	2616	23.93
食品産業	10374	4809	46.36
衣服産業	8438	1075	12.74
化学産業	6739	2635	39.10
材木産業	6432	840	13.06
その他	1269	244	19.23
合計	266754	59594	22.34

Kołodziej [2018], 82 を基に作成。

きな変化はないが、就業者は大戦前の半分にも満たない。したがって、非常に多くの失業者が存在し、生活費の高騰は、そうした人びとの困難に拍車をかけた。戦間期のウッチでは、この当時の経験に関する労働者の歌として、次のようなものがあった。第一節と第三節、第二節と第四節で歌い手の立場が変わっており、後者が第一節で「ヤァ、ウッチの女(ひと)よ」(Hej Łódzianko)と呼びかけられる女性の立場である。

ヤァ、ウッチの女(ひと)よ、なぜ悲しむ、／どうして青い顔をしている、
君はウッチをずっと夢でみている、／君はそれをしっかり心に抱いている。

貧しさがウッチから私を追い出した、／飢えが私をあなた方に差し向けたのよ、
私には歌う相手がいない、／森がうなるだけなのよ。

ここで我々にはパンと仕事がある。／飢えにも悩まされないぞ。
ここには家や邸宅があるし／そしているのは善良な人びとだぞ。

ウッチで貧しさを我慢したい／貧しくていい、飢えてていいわ
いまでもあなた方のことはどうでもいい、／ウッチの人びとのところへ行くわ。[18]

いま引用したこの歌のなかで、「ウッチの女(ひと)」は貧しさや飢えゆえにウッチを去ったことを後悔しており、

パンと仕事があり、家や邸宅、「善良な人びと」のいるどこかを離れて、再び貧しさや飢えとともにウッチで暮らすことを決意する。実際にそのような行動をとったのかどうかよりも、困難に抵抗する意思の表明が、この歌のなかでは重要であったと考えられる。

ただし、大戦中にオーストリア=ハンガリー二重帝国の軍隊に志願し、帰還兵となった経験をもつ作家のヨーゼフ・ロートが小説『サヴォイ・ホテル』で書いたように、精神の操作で「飢えを忘れることはできない」(平井達治訳)[19]。ドイツ帝国では、一九一五年二月からパンをはじめとする物資が配給制となり、ポーランド王国でも同様となった。しかし、一九一八年春の時点で、配給制の食糧だけでは一日平均八九一キロカロリー分しかなく、栄養は明らかに不足した[20]。

こうしたなかで住民の生存基盤を提供したのは、地方自治体であった。大戦中の通貨である

図表4　1918年の都市における住民一人当たりのための支出
(単位はポーランド・マルク)

	治安維持	公衆衛生	慈善	教育	占領当局への支出
ワルシャワ	7.61	16.23	28.93	9.00	3.20
ワルシャワ(1916年)	4.54	0.15	0.37	1.36	不明
ウッチ	4.00	11.58	30.63	11.76	10.73
ウッチ(1916年)	2.46	0.46	0.19	1.49	不明
ドイツ占領下の大規模都市	1.69	6.30	5.92	5.30	3.20
オーストリア=ハンガリー占領下の大規模都市	1.80	3.00	5.17	3.60	0.70
ドイツ占領下の中・小都市	1.60	3.40	2.28	4.37	2.35
オーストリア=ハンガリー占領下の中・小都市	1.10	0.30	0.10	1.40	0.18

Kołodziej [2018], 125-126 を基に作成。

ポーランド・マルクに揃えてデータを提示した先行研究によれば、住民一人当たりの都市の収入は以下のようになる。すなわち、一九一〇年にワルシャワでは三二・四四マルク、ウッチで七マルク、比較的大きな都市で五・五七マルク、中小の都市で四・七五マルクであったのが、一九一八年には、ワルシャワで一六九・四〇マルク、ウッチで九九・二〇マルクとなり、全体の平均では、ドイツ占領地域で二七・三九マルク、オーストリア=ハンガリー占領地域で七・七〇マルクであった。[21] オーストリア=ハンガリー占領地域で数値の伸び幅が抑えられたのは、ドイツ占領地域と比べると農村部が広かったことが想定されるが、いずれにしても都市の財政基盤は全体として増加した。

そして、そうした収入を踏まえた都市の支出に関しては、図表4のようになる。ワルシャワとウッチのみ、一九一六年のデータが残されており、いずれも一九一八年には大幅な上昇がみられる。二つの都市にみられるのは、一九一六年では治安維持が最も大きかったが、一九一八年には(「占領当局への支出」を別として)最も小さくなっていることである。代わりに、慈善が他よりも多くなっており、ここに、各自治体で提供された貧しい住民に無料か、あるいは安価にスープを提供した簡易食堂がある。一九一八年のウッチ市では、二割から一割の住民が簡易食堂を利用しており、餓死者の大量発生という最悪の事態を食いとめたと考えられる。[22]

ポーランド国家への展望が開けるなか、民衆の生活は非常に厳しくなっていた。新しい国家体制には、その解決も求められたのである。そして、それに向けた一歩を踏み出す明確な意思をもって、一九一六年一一月五日、ドイツおよびオーストリアの両君主からある宣言が布告された。

第三節　ドイツおよびオーストリア＝ハンガリーの約束

ワルシャワの王宮でワルシャワ総督の軍人ハンス・フォン・ベーゼラーが読みあげた宣言（史料①）は、次のように始まる。

ワルシャワ総督府の住民に告ぐ！〔……〕ロシアの支配から切り離したポーランドの地に幸福な未来が訪れることを望むドイツ皇帝陛下、並びにオーストリア皇帝およびハンガリー国王陛下は、これらの地に世襲君主制と立憲的国制からなる自立的な国家を設立することを決定した。ポーランド王国の国境のより厳密な規定は現在取り決められている。新王国は、両君主国との友好関係に、その力を自由に発展させるために必要な保障をもつ。

ドイツおよびオーストリアとの「友好関係」とあるものの、独立という言葉は使われておらず、ポーランド王国が占領されている実態から考えても、ここで約束されているのは、両国の統制下におかれたポーランド国家であり、その政体は、「世襲君主制」からなる立憲君主国である。また、宣言の続く箇所には、ポーランド軍の創設も約束されており、「その軍隊には、古（いにしえ）のポーランド軍の伝統という栄光と、現下の大戦争における勇敢なるポーランド兵士同胞の記憶が息づくだろう」、とある。

この宣言は、先に言及したポーランド国家連盟の期待に沿うようにみえる。しかし、その領土については「現在取り決められている」と明言は先送りにされており、ドイツとオーストリアの君主のどちらにポー

臨時国務評議会に協力した主要人物

役 職	人 名
王冠議長	ヴァツワフ・ニェモイェフスキ
司法部長官	スタニスワフ・ブコヴィエツキ
財務部長官	スタニスワフ・ジェシュビツキ
内務部長官	ミハウ・ウェンピツキ
宗教信仰・公教育部長官	ユゼフ・ミクウォフスキ=ポモルスキ
労働部長官	ヴウォジミェシュ・クノフスキ
社会経済部長官	スタニスワフ・ヤニツキ
軍務委員会長官	ユゼフ・ピウスツキ
政務部長官	ヴォイチェフ・ロストフォロフスキ

（著者作成）

ランド王国が帰属することになるのかも語られてはいない。ポーランド王国とガリツィアが一つになるべきだというのは、あくまでポーランド側の論理であり、とくにガリツィアを支配するオーストリアからすれば、いたずらにポーランドを強化する必要もなく、将来的な交渉の材料を保持した方が望ましかった。また、ドイツやオーストリアも決して一枚岩であったわけではなく、ポーランド問題をめぐる主導権をめぐっては緊張関係が続いた。[23] したがって、確かに国家の創設は約束されたものの、それは約束をしたドイツおよびオーストリアの利害関係や戦略に大きく左右されざるをえなかったことになる。一九一六年一一月五日の宣言は、肯定的に捉えることも、否定的に捉えることも可能な政治的文書であったのである。

そのため、一九一六年一一月以後のポーランド社会は、ドイツおよびオーストリアに期待し、積極的に協力しようとする「積極派」と、それとは反対に、両占領国による影響を最小限にとどめようとする「消極派」の大きく二つに分かれた。一九一六年一二月には積極派の人物から構成された臨時国務評議会が組織され、翌年から活動を開始する。臨時国務評議会の議長である王冠議長（Marszałek Koronny）に就任したのは、ヴロツワフ出身のポーランド人で、熱心な君主政支持者のヴァツワフ・ニエモイェフスキであった。また、ポーランド軍団を率いたピウスツキは軍事顧問として臨時国務評議会に加わっており、この時点で彼は占領国との協力関係にあったことになる。他方で、消極派には、ドモフスキをはじめ、戦略的にロシアを支持する人が多く、先述のルボミルスキも、のちに摂政評議会の構成員としてドイツおよびオーストリア占領下でポーランド国家の建設に従事したが、消極派に属した。ルボミルスキ自身は署名をしていないが、一一月五日の宣言に対する消極派の認識は、スイスの国際都市ローザンヌで一一月一一日に採択された宣言に示される。そこには、次のように書かれていた。

ポーランド国民は単一かつ不可分である。自身の政府に対する国民の願いは、〔分割された〕ポーランドの三地域のすべてを掌握することであり、それらの統一なくして満たされることはありえない。〔……〕ポーランドのたった一地域のみで国家を創設すると述べることは、この願いに沿わないばかりか、分断の新しい事実をつくることである。ポーランド国民の力を分断するドイツおよびオーストリア＝ハンガリーは、未来の国家に屈従を命じ、自身の政策に道具としてそれを利用するのである。[24]

要するに、占領地で設置される新国家はドイツおよびオーストリアの傀儡に過ぎないというのがドモフスキたちの認識であり、さらに軍隊の創設に関連して、次のようにも主張された。

未来の国家の存在を基礎づける条件に関する厳密な規定を設けず、しかし自身への従属を強調するドイツおよびオーストリア＝ハンガリーは、ポーランド人に軍隊の設置を求めている。外国の軍隊を補助する部隊として、当該軍隊は、外国の目的に仕え、自分のものではなく、外国の問題のために戦わねばならない。この事実に当てはめられるあらゆる口実にもかかわらず、その目的は明白であり、これは国際法の侵犯である。[25]

ここに出てくる「国際法の侵犯」という言葉は非常に重要であり、それは、国際的な規範に照らしても、ドイツやオーストリアは支持できないとの姿勢が明示されているためである。じつは、一九一六年九月にオーストリアは自らの主導でポーランド軍団を再編しようとしたのであるが、そうこうしているうちにドイツと共同で一一月五日の宣言を出すことになり、ドイツを無視した軍隊の再編ができなくなった。やがて一九一七年に新たに成立したのは、ポーランド国防軍であった。

ドモフスキたちの宣言に署名し、「自由に発言できないあらゆる同郷人」を代表すると述べた人びとは、三つすべての分割地域の出身者が揃っていた。かれらについて詳しくみてみると、プロイセン領ポーランドからはマリアン・セイダ（ポズナン出身）しかいなかったものの、ロシア領ポーランドからは、ドモフスキのようなワルシャワ出身者もいれば、フミエリウカ出身（現在ウクライナ領）のヤン・モジェレフスキや、ヴェルボーヴァ出身（現在ウクライナ領）のヤン・ペルウォフスキ、ドルスキニンカイ出身（現在リトアニア領）のヒポリト・コルヴィン＝ミレフスキが署名し、ユダヤ人ながら、国民民主党に加わったステファン・ナタンソン（ワルシャワ出身）もいた。

また、オーストリア領ポーランドからは、カジミェシュ・マリアン・ジェルジクライ＝モラフスキ（クラクフ出身）や、スタニスワフ・フィラシェヴィチ（チェシン出身）、ヤン・エマニュエル・ヨルダン＝

ロズヴァドフスキ（現在ウクライナ領のセレドニィ・バビン出身）、ユゼフ・プジナ（現在ベラルーシ領のフリマチャ出身）、レシェク・マルチェフスキ＝タルナヴァ伯爵（現在ウクライナ領のテルノピリ出身）が署名した[26]。かれらは異国のスイスに亡命していた人びとで、国際社会に自分たちのポーランド問題に対する正しさを示す必要もあった。

一一月五日の宣言に対抗しようとしたのは消極派だけではなく、ロシアの皇帝ニコライ二世も、かつてのニコライ・ニコラエヴィチ宣言の繰り返しのようなかたちではあったが、自由なポーランドの創設を約束した。ただし、それよりも大きな反響を呼び、実際に歴史的影響力があったのは、一九一七年一月二二日に、アメリカ合衆国でウッドロー・ウィルソン大統領が、自らの教書でポーランド国家の創設を支持したことである。これは、一九一六年からアメリカ合衆国にわたってロビー活動をしたイグナツィ・ヤン・パデレフスキの功績であるが、ここにおいて、何らかのかたちでポーランド国家の創設をあらゆる勢力が方向性としては承認したことになる。もっとも、パデレフスキ自身の国家構想は、いくつもの矛盾するような要素が混在していた。一九一六年にパデレフスキがホワイトハウスに提出した構想によれば、創設されるポーランド国家は、「五つの王国」が「連邦」をなす「合衆国」となり、大統領が政治的代表を務めるのであった[27]。

国際的な支援を仰ぐパデレフスキの創造するポーランドすらも、この時点では君主政的要素から完全に切り離されてはいなかった。そこでは、共和政的要素と君主政的要素とが混在したのである。そして、そのようななか、民主共和国に向けた最初の力強い声明は、ドイツやオーストリアの占領する地域のなかから発せられたのである。

第二章　占領の地平線

第一節　ロシア革命の衝撃

ウッドロー・ウィルソン大統領による一九一七年一月の教書からおよそ半年後の一九一七年六月初旬、ポーランド社会党第一三回大会は、以下のように決議した。

ポーランド労働者階級は、各国のプロレタリアートとの団結において、すべてのポーランド地域を掌握し、国家や経済の自立的かつ完全な発展に不可欠な条件をもつ独立民主共和国の創設を断固として望む。[1]

この決議文は、これまでのポーランド問題をめぐる政治的議論に対して二重の革新性があった。というのは、ここではっきりと立憲君主国ではなく、民主共和国が志向され、さらには自治を超えて、独立すべきだと明言されたのである。この宣言によって、ポーランド社会党は、諸政治勢力に先んじて「独立民主共和国の創設」を主張することになった。

自身の基盤であった政党での決議を受けて、ユゼフ・ピウスツキは臨時国務評議会との関係を維持することができなくなった。そうしたなか、ピウスツキは格好の口実をえた。ポーランドの軍隊を率いるにあたり、新たな誓約を求められたピウスツキは、ポーランド国王への忠誠と、ドイツおよびオーストリアとの協調に不満をもつとして、誓約を拒否したのである。彼の言い分では、未だ存在していないポーランド国王に忠誠など誓えないし、ドイツやオーストリアから自律的な行動が許されないことも認めがたかった。[2] こうした行動のために、ピウスツキは一九一七年七月二二日に逮捕された（口絵三も参照）。結果的には、このことが対独協力者というレッテルからピウスツキおよびポーランド軍団を自由にし、その後の活躍を可能にしたのであるが、そもそもなぜ一九一七年六月および七月のタイミングで、上のようなことが起きたのか。

じつは、ドイツやオーストリアに対する不満は、臨時国務評議会のなかでも高まっており、一九一七年四月六日、奇しくもアメリカが第一次世界大戦に参戦する同じ日に、同評議会から占領当局に対してより大きな権限を付与するよう要求がなされた。ピウスツキの逮捕はさらなる不信の念をポーランド側に抱かせることになり、臨時国務評議会が一九一七年八月二五日に自ら解散する引き金となった。しかし、ポーランド側のこのような動きは、同時代のロシアで起きた革命がもたらした国際情勢の変化を抜きには理解できない。

一九一七年三月八日、ペトログラードでパンと自由をもとめた労働者と警察が衝突した。やがて兵士も労働者側に加わり、帝政が崩壊するなかで臨時政府が成立したが、各地の労働者および兵士によって設立されたソヴィエト（評議会）とは緊張関係にあった。三月革命あるいは、ロシア暦に合わせて二月革命と呼ばれる事件である。

一九一七年四月ごろ、のちに臨時政府で首相を務めるアレクサンドル・ケレンスキーは、「ポーランド人兄弟」に対して、ポーランド問題に関する自身の考えを以下のように述べた。

いまやあなた方には大きな決断の時が訪れています。自由ロシアは、自陣営での国民の自由をめぐる戦いにあなた方を歓迎します。軛を放棄したロシア国民は、兄弟であるポーランド国民が同じように自らの意思に基づいて自らの運命を決定する完全な権利を承認します。同盟者との協定に忠実で、ゲルマン主義世界に対する、欲深い者たちに対する戦いの共通の計画に忠実な臨時政府は、ポーランド人が多数派を成すあらゆる領域を含む自立したポーランド国家の創設とともに、新たに再編された未来のヨーロッパにおける恒久的安全の保障を支援します。[3]

前体制との断絶を強調する臨時政府の立場を代弁したケレンスキーの言葉は、ロシア国民とポーランド国民の関係を水平的なものとして描こうとする点で、ニコライ・ニコラエヴィチ宣言と明確に異なった。ただし、ロシアのナショナリズムにおけるウクライナやベラルーシの扱いを想起しても、「兄弟」のレトリックは必ずしも上下関係を否定しておらず、対等性を保障するものではない。[4]

ケレンスキーは、上の引用のすぐあとに、「ロシアとの自由な軍事同盟によって結ばれるポーランド国家は、スラヴ民族に対する諸中央国家〔ドイツおよびオーストリア=ハンガリー二重帝国を指す〕の抑圧への強力な防波堤を構成します」、とも続けたが、「自由な軍事同盟」の内実までは具体的に説明しなかった。ポーランドの独立に関する史料をまとめた同時代人のカジミェシュ・ヴワディスワフ・クマニェツキは、ケレンスキーに対する不信感を隠していない。[5]

ただし、領土問題の譲歩を約束し、「あなた方の、そして我々の自由のために！」というフレーズで自分の考えを結んだところに、ケレンスキーなりのポーランド社会への歩み寄りを看取できる。[6]ポーランドの歴史的文脈では、このフレーズの起源は一一月蜂起にあり、民族を超えてともに戦うことを呼びかけるものであった。ポーランドの闘士がとくに念頭に置いたのはかつてルブリン合同（一五六九年）によって国家を共有したリトアニアの人びとであるが、中山昭吉によれば、二月革命後のペトログラードにおけるポーランド人社会では、このフレーズが、現地で発行された有力紙『ポーランド日報』に継続的に現れた。[7]先述の表現は、こうした動向を鋭敏に察知したケレンスキーがポーランドとロシアの関係に換骨奪胎し、かつ敵対する相手もロシアから「ゲルマン主義」に置き換えたものと考えられる。少なくとも、表向きは、臨時政府はポーランド問題に前向きで、それが君主政の続くドイツおよびオーストリアにもプレッシャーをかけることになっていた。

しかし、その臨時政府もまた、前体制と同じく、ポーランド問題を解決することなく倒れてしまう。ヴラジーミル・レーニンを指導者とするボリシェヴィキは、労働者および兵士のソヴィエトからの支持を集め、一九一七年一一月七日から八日（ロシア暦では一〇月二五日から二六日）にかけて政権を奪取した。そして、ボリシェヴィキは、無併合と無賠償での即時の講和を求める「平和に関する布告」と、土地の私的所有を否定する「土地に関する布告」を採択したのであるが、国内の反革命勢力や、ボリシェヴィキ政権を承認しない諸外国による介入との戦いの継続を余儀なくされた。

その一〇月革命は、ポーランド問題の文脈でも非常に大きな意味をもった。それは、臨時政府が倒れ、ボリシェヴィキ政権が誕生したいま、連合国は、それまで自陣営のなかでポーランド問題に関する最大の利害関係を有した同盟国を失ったのである。そして、その受け皿になったのが、一九一七年八月にドモフスキがローザンヌで設立したポーランド国民委員会であった。フランス（九月二〇日）、イギリス（一〇月一五日）、イタリア（一〇月三〇日）、アメリカ合衆国（一一月一〇日）は、相次いでポーランド国民委員会を「ポーランドの公的機関」と承認した（口絵四も参照）[8]。

ここにおいて、ポーランド問題をめぐる積極派と消極派の対立構造は、一九一六年一一月の段階から大きく変容した。二度にわたったロシアの革命は、国際情勢とともに、ポーランド問題の前提を大きく変えてしまったのである。もはや直接的に独立のために行動することができ、アメリカ合衆国を新しい後ろ盾としてえたドモフスキたちの活動は、かつての「消極派」の枠を大きく越えていた。また、他方では、ドイツおよびオーストリアに期待をかける積極派の立場は、ピウスツキがそこから自ら降りたように魅力を失いつつあった。

しかし、ポーランド人のあいだで別の協力者を探す試みをドイツおよびオーストリアが断念したわけでもなく、そのための譲歩が不可能であったわけでもなかった。一九一八年一一月一四日まで維持され、ポーランドで立憲君主国を目指した摂政評議会は、このような文脈で設立された。

第二節　摂政評議会の歴史的位相

摂政評議会は、オーストリア側からはルブリン総督で軍人のスタニスワフ・シェプティツキが、ドイツ側からはワルシャワ総督のハンス・フォン・ベーゼラーが署名した「ポーランド王国国家権力の問題に関する一九一七年九月一二日付の特許令」(史料②)に基づいて設置された。統治の権限が特許令によって「上から」付与される手続きをとったことと、それが占領国家によってなされたこととの二点が、ここでは重要である。実際に、そこではまず以下のように規定された。

第一条 一・ポーランド王国の国家最高権力は、王国が国王もしくは摂政を迎えるまで、摂政評議会に委ねられ、国際法上の占領諸国の立場は留保される。

ここに示されるように、摂政評議会はポーランド王国の「最高権力」とされつつも、占領国の立場は維持された。それゆえに、ポーランド王国の統治には、占領国から介入を受けることになるが、そのことは、次の規定に明らかである。

第二条 一・本特許令およびこれをもとに将来的に制定される法律の枠組に基づき、摂政評議会は、ポーランド王国国務評議会と協力して立法権力を担う。
二・ポーランド国家権力が担当機関をいまだ与えられていない問題に関して、国務評議会で立法案が取り扱われえるのは、占領諸国の合意があった場合のみである。このような問題に関しては、行政が発展するまで、一・に基づいて組織されたポーランド王国の諸機関の他に、総督もまた、国務評議会の要請がある場合に限り、法的効力を持つ布告を発布できる。〔……〕

三．住民の権利および義務の基盤をなすポーランド国家権力の法令や布告は、公表される前に、それが有効となる行政地域を治める占領国の総督に事前に通達されねばならない。提出後、一四日を過ぎても反対がなされない場合にのみ、有効となる。

摂政評議会の下で議会の役割を果たす国務評議会については後述するとして、ここでは占領国からの介入に注目しよう。ポーランド王国で未だ担当機関が定まっていない問題についての法案を作成することも、摂政評議会や国務評議会には自由にはできなかった。ドイツおよびオーストリアの総督も法的拘束力をもつ命令を出すことができたし、かれらの検閲を通過しなければ、法律は有効にならなかったのである。特許令の第四条では、司法や行政の領域について規定されたが、そこでもポーランド王国は占領国から完全に自律的に活動することはできなかった。このように、制限の多さが目立つ特許令ではあったが、

摂政評議会（1917年10月27日）

摂政評議会が成立した日の写真であり、先頭の左から、オストロフスキ、カコフスキ、ルボミルスキが写っている。撮影された場所は、不在の国王に代わって国政を担った人びとにふさわしく、ワルシャワ王宮の敷地内である。

Narodowe Archiwum Cyfrowe, sygn. 3/22/0/-/211

「ポーランド王国の国際的代表および国際条約を締結する権利は、占領が終了した後にポーランド国家権力によって担われる」、との第五条は、将来的な占領の終了に言及した点で新しさがあった。

特許令にしたがって占領諸国家の君主によって摂政評議会の構成員に任命されたアレクサンデル・カコフスキ大司教、ズジスワフ・ルボミルスキ、ユゼフ・アウグスト・オストロフスキの三名は、一九一七年一〇月二七日付の声明において、次のように述べている。

全知全能、三位一体の神に対して、またポーランド国民に対して、我々は、世界の幸福のための、祖国ポーランドの勢力、独立、栄光、自由、成功の強化のための、国の市民の間で平和と調和が維持されるための統治を行うことを誓う。我々の願いは、一九一六年一一月五日、一九一七年九月一二日という記念すべき日に諸中央国家の両君主によって公表された法に依拠する国家的独立に向かって国民を導くことである。〔……〕我々は、独立し、力強いポーランド国家の屋台骨を建設しなければならない。そして、その国家は、我々の過去が要求しているように、強力な政府と自前の軍隊をもたねばならず、それが将来のヨーロッパ諸国家を構成するようになることも重要なのである。[9]

摂政評議会は、ワルシャワの聖ヤン国王司教座聖堂にて宣誓し、正式に活動を開始した。ポーランド王国の設置が約束された一九一六年一一月五日や、特許令の発布された一九一七年九月一二日が「記念すべき日」とされており、摂政評議会にとっていかに重要であることがわかる。実際には、一九一六年の宣言では明確な意思をもって慎重に「自治」という言葉が選ばれ、また先述の特許令にも「独立」とは一度たりとも書かれていなかったが、摂政評議会は明確に独立について語っている。占領の終わりを明記していないところに問題を抱えているものの、特許令第五条には占領国による譲歩のあとがみられ、そのことを評価した摂政評議会は、やや楽観的ながら、占領の地平線の先には明るい未来があると予見した。

　さらに、上の摂政評議会による声明には、さらに考察を深められる素材が埋めこまれている。「全知全能、三位一体の神」と、「ポーランド国民」に対して、あらゆる者にとって良い統治を誓う冒頭の文章には、過去にさかのぼって国制史上の連続性と差異に関して長期的な視座から考える糸口がある。

　井内敏夫によれば、ヨーロッパの王権は、テオクラシー（神政政治）的専制と人民の合意という二つの原理を内包していたが、時代が下るにつれて両者の緊張関係が高まった。中近世のポーランドでは、世襲王制に親和的なテオクラシー的専制が弱まり、選挙王制に親和的な人民の合意が優勢になったが、井内は、ピャスト朝からヤギェウォ（ヤギェロン）朝への移行期にその転機を指摘する。ポーランド最初の王朝であるピャストの血を引くヤドヴィガは、リトアニア大公ヴワディワフ・ヤギェウォ（ヨガイラ）と結婚して共同統治者になった。しかし、二人のあいだに跡継ぎが生まれないままにヤドヴィガは他界し、その後ポーランド王位を引き継いだヴワディワフ二世に子どもは生まれたものの、ピャスト朝の血を引いていなかった。そのため、ポーランドでは世襲制に対する信頼が損なわれ、王に対抗するマグナート（大貴族）層の力が高揚したというのである。[10]

　やがて近世のポーランド＝リトアニア共和国では、一部のマグナートだけではなく、シュラフタ（貴族）が政治に参加するようになった。シュラフタ身分であれば、貧富の差に関係なく議会に参加し、特権を享受することができるようになり、リベルム・ヴェト（自由拒否権）と呼ばれた特権はとくに重要視された。

共和国の議会では、全会一致が原則とされたが、それは、全員が賛成することによってではなく、一人の者も異論を唱えないことによって成立する全会一致を指し、一人でもリベルム・ヴェトを行使したら、その人物を説得するまで議会は停止したのである。[11] しかし、この選挙王の共和国は、やがて国政の危機を迎えた。シュラフタの経済状況が悪化した一八世紀には、特権を私的利害のために濫用することが深刻化し、議会が機能不全に陥った。ポーランド分割はこのような時代に起こったのであるが、一七八八年から一七九二年まで続いた四年議会で採択された五月三日憲法で選挙王制が廃止され、世襲王制が導入されたのは、強力な君主権力によって、シュラフタをコントロールするためであった。[12] つまり、四年議会は、それまでの関係を逆転させ、(近世では貴族身分に限定されたので、擬制であったが) 人民に対する君主の優位性を復権させるものであった。

先行研究に依拠しつつ、いま著者なりに国制史の流れを整理したが、先の引用文で「我々の過去が要求しているように、強力な政府と自前の軍隊をもたねばならない」ないと述べていた摂政評議会は、「五月三日憲法の時代の、ワルシャワ公国や会議王国〔ウィーン会議によって成立したポーランド王国のこと〕の時代の、さらに続く不幸な時代のそうした要因〔ポーランドを発展させる要因〕に、我々は多くを負っている」、と主張した。[13] 五月三日憲法は世襲王のいる立憲的な、「王のいる」共和国を志向していたし、ポーランド王国の立憲的体制は時とともに実態を伴わなくなったが、そうした細部よりも、五月三日憲法、ワルシャワ公国、ポーランド王国が、世襲君主制と立憲制を同時にもつという共通性を重視したところに、摂政評議会の姿勢が鮮明に現れている。かれらは、一致団結できずに分割の憂き目にあった過去とは別の道を歩まねばならないとの意図から、五月三日憲法以後の、世襲制で強い権限をもつ君主の立憲的な国制を支持する系譜に連なろうとした。[14]

他方で、帝政ロシアの崩壊を同時代人として目撃した摂政評議会は、声明のなかで人民に語りかけることも忘れなかった。

ポーランド人よ！　我々は、年齢、身分、信仰を問わず、あなた方全員に呼びかける。あなた方に、祖国の幸福の名のもと、耐え抜くことと誠実さ、摂政評議会および我々がいずれ招集する政府や国務評議会への積極的支援を呼びかける。我々は、古より我々の土地を耕し、工場や作業場や鉱山で汗にまみれ、愛するポーランドのための集団的労働に従事するポーランド人民諸君に呼びかける。ポーランド人の共同の労働に、神の祝福があらんことを！[15]

王権に優位性を置くとはいえ、人民の合意もえようとした点に注目すれば、摂政評議会は、中世以来の王権のあり方に忠実であり、混合政体としての共和政とも矛盾しなかったといえる。その意味では、摂政評議会の目指したポーランド王国は、「王のいる」共和国であったといえるのかもしれない。[16] すでに前章で人びとの生活が戦争によっていかに悪化したのかをみたが、統治者としての摂政評議会の信用は、その状況をいかに改善できるかにかかっていた。そして、その重責に向かって、摂政評議会は、自分たちもまたポーランドのために働いており、その意味で農場や工場、鉱山で働く人民と、ポーランド人としての「共同の労働に」従事していると述べたのである。

第三節　摂政評議会の統治体制

摂政評議会を中心とする統治体制は、カコフスキ、ルボミルスキ、オストロフスキに加えて、首相としてヤン・クハジェフスキが署名した一九一八年一月三日付の「ポーランド王国政府の臨時的構成に関する摂政評議会の布告」（史料③）によって基盤がつくられた。

先にみた特許令（史料②）で、「ポーランド王国の国家最高権力」とされた摂政評議会は、当該布告の第二条では、「主権者」と位置づけられた。摂政評議会は、一院制の議会にあたる国務評議会の法律の諸規則に基づき、布告および詔書を公表する。そして、第五条によれば、布告や詔書は、摂政評議会および首相の署名が付され、王冠印璽の押印を受けなければならない。また、第四〇条では、「国家行政は、王国－ポーランドの称号を用い、ポーランド王冠の下に行われる」と規定されており、これらに君主政としての国制的特徴が明確に現れている。[17]最後まで国王は空位のままであったが、先行研究によれば、国外の候補は、オーストリア皇帝のカール一世、ヴィルヘルム二世の息子ヨアヒム・フォン・プロイセン、ザクセン国王のフリードリヒ・アウグスト三世、バイエルン国王のルートヴィヒ三世と、同盟諸国のなかから探された。また、国内では、いずれも名門貴族の血を引くルボミルスキやピウスツキなどの名が挙がった。[18]

不在の国王や摂政に代わる役割を果たした摂政評議会は、第六条では、「首相、閣僚評議会、各大臣を通して統治を実際に行う」、とされた。首相は、「ポーランド国政府の長であり、国内外において政府を代表」（第七条）し、「ポーランド国政府を構成する最高合議体」（第九条）と規定された閣僚評議会は、統治において不可欠の役割を担った。そして、第一〇条から第一八条までは、閣僚評議会について定められており、そこでは、閣僚評議会の議長は首相が務め、大臣やその代理人が出席するとされた。審議は多数決によって決められ、同数の場合は、議長である首相の意見が優先された。そして、そこで承認された法律、布告、詔書の草案が摂政評議会に提出されたのである。各省の報告が精査され、省を跨ぐ問題に関しては、閣僚評議会で議論された。また、国家予算についても、摂政評議会や国務評議会に提出される前に、財務省から提案のあったものに関して閣僚評議会で決議された。この史料には明記されなかったが、摂政評議会と大臣たちが出席する会議も存在し、それは王冠評議会（Rada Koronna）と呼ばれた。[19]

その閣僚評議会に出席する大臣については、第一九条で規定された。それによれば、大臣は、「管轄する公務の領域においては、最高の統治権限を持」ち、また、「自身の管轄における諸機関の組織化や、占領国からの権限を引き継ぐ方法を検討」した。第二三条から第三〇条までは、一九一八年一月当時までに設置された省の管轄が定められているが、第三七条および第三八条をみれば、摂政評議会の前に設置されていた臨時国務評議会からの組織的連続性をみてとることができる。スタニスワフ・ブコヴィエツキや、ユゼフ・ミクウォフスキ゠ポモルスキらは、臨時国務評議会に協力していた。また、大臣たちの顔ぶれだけではなく、摂政評議会のもとで勤務した軍人の七五％は、臨時国務評議会にも仕えていた。[20] さらに、独立直後の各省の職員でみれば、一五～六五％と幅はあるが、摂政評議会の時代から勤務を始めていた。

第二四条をみる限り、内務省の管轄は非常に広範囲にわたっており、他の省にはあてはまらないものすべてを担ったことがわかる。その後、一九一八年一一月に独立した直後のポーランド共和国では、内務省から公衆衛生省、交通省、郵便・電報省が分かれ、統治機構が精緻化された。公衆衛生省の成立はやや込

クハジェフスキ内閣
（1917年12月13日~1918年2月11日）

役　職	人　名
首相	ヤン・クハジェフスキ
司法相	スタニスワフ・ブコヴィエツキ
財務相	ヤン・カンティ・ステチコフスキ
内務相	ヤン・ステツキ
宗教信仰・公教育相	アントニー・ポニコフスキ
社会保護・労働保護相	スタニスワフ・スタニシェフスキ
農業・王領地相	ユゼフ・ミクウォフスキ=ポモルスキ
商工相	ヤン・ザグレニチニィ
配給相	ステファン・プシャノフスキ
軍務委員会長官	ルドヴィク・グルスキ
政務部長官	ヴォイチェフ・ロストフォロフスキ

ステチコフスキ内閣
（1918年4月4日~1918年9月5日）

役　職	人　名
首相	ヤン・カンティ・ステチコフスキ
司法相	ユゼフ・ヒゲルスベルゲル
財務相	（首相兼任）
内務相	ヤン・ステツキ
宗教信仰・公教育相	アントニー・ポニコフスキ
公衆衛生・社会保護・労働保護相	ヴィトルド・ホチコ
農業・王領地相	スタニスワフ・ジェシュビツキ
商工相	ボグダン・ブロニェフスキ
配給相	（空席）
軍務委員会長官	フランチシェク・ラジヴィウ
政務部長官	ヤヌシュ・ラジヴィウ

ブロニェフスキの就任は、4月17日であった。

み入っており、一九一八年四月に、内務省から衛生関連の業務が公衆衛生・社会保護・労働保護省の管轄に移されたのち、一〇月に同省から公衆衛生省が独立した[21]。

そして、第三一条から第三六条には、人事に関する規定が示された。その中心には摂政評議会があり、大臣の任命や、政府の重要な役職についても、閣僚評議会で決議された人事案の承認は、摂政評議会が行った（第三一条）。また、大学および工科大学の長ならびに教授の選任も、摂政評議会が決定したのである（第三四条）。

ワルシャワ大学やワルシャワ工科大学の学長は、高位聖職者や最高裁判所判事と並んで高い社会的地位をもち、国務評議会の議員に選出された。摂政評議会のもと、国務評議会の議員には三つのカテゴリーがあった。第一には、大学長たちのような地位にある人びとから選出される「ヴィリリスタ」（wirylista）のカテゴリーがあり、一一〇議席のうち、一二議席を占めた。第二には、各地の選挙区で選出された議員で、これは五五議席であった。そして、第三には、推薦によって任命された議員で、四三議席であった。また、当時の議員となるには、ポーランド国市民で、男性で、三〇歳以上で、読み書きができ、市議会および郡議会の被選挙権を有することが条件であった。こうした国務評議会の議員カテゴリーが最も顕著に示すように、摂政評議会のもとでは、身分制的な秩序が残存した。参政権は身分に関係なく付与されたものの、男性に限定され、民主的に選ばれる議員と、職業や推薦によって選ばれる議員とが同数であった[22]。このような実態は、制度全体が民主化を遂げつつあるなかでこそ目立つものであったが、統治に住民の意思がどれだけ反映されるのか、制度のうえでも不透明であった。そして、実際に、占領国家への失望をさらに高める事態も起きた。

一九一八年二月九日、ドイツおよびオーストリア＝ハンガリーは、ウクライナ人民共和国とブレスト＝リトフスクで講和条約を締結した。（一九一八年三月に成立したロシアと同盟国のあいだのブレスト＝リトフスク講和条約とは異なる）。そこでは、ポーランド王国の領土に関しても取り決められており、ポーランド側の代表の出席は許されなかったなか、一九一二年にポーランド王国からロシア帝国に編入されたヘウム地域はウクライナの領土と認められたのである。これに強く反発したクハジェフスキ内閣は、「新たなポーランド分割」を認めるわけにはいかないとして総辞職した。ヘウムの割譲は、かれらに占領の現実を突きつけるものであり、これ以上の政府への協力は不可能と考えられたのである。これに応答した摂政評議会は、講和の内容を否定的に捉える点では一致しつつも、あくまでポーランド王国は法で定められた主権を持つとの認識に立ち、非難すべきは不当な領土要求を行う「ロシア・ナショナリスト」であると弁明した[23]。ヘウム問題は軍人層にも波紋を投げかけ、ルブリン総督として特許令に署名したシェプティツキは、抗議のために総督位を辞した。彼はその後もオーストリア軍に留まったが、優秀な将校であったユゼフ・ハルレルはより大胆であった。自身の指揮したポーランド軍団第二旅団をはじめとする兵士とともに国外に去ったハルレルは、やがてポーランド国民委員会に協力する軍隊を指揮した[24]。

一九一八年二月の段階で露呈した主権をめぐる理想と現実との乖離は、摂政評議会の就任時には明るくみえた占領の地平線に暗い影を落とした。しかし、対外的にはそのことを認めなかったが、摂政評議会の構成員自身も、そのことはは自覚していたであろう。かれらとしても占領国とともに滅ぶつもりはなかったのであり、情勢をみて独立に向けた動きをとることになる。

第三章　統一の危機

第一節　行き詰る摂政評議会

一九一八年一〇月七日、摂政評議会の評議員三名と首相の署名において、ポーランド国民に対して以下のような声明（史料④）が布告された。

全ポーランド国民の待ちわびた偉大な時が到来した。／平和が訪れ、それとともに、従来予期されなかった完全なる独立というポーランド国民の念願が果たされる。／そのときのポーランド国民の意思は、明白で、固く、一つである／その意思を看取し、それに基づいてこの布告を出す我々は、アメリカ合衆国大統領によって公表され、いまや全世界で諸国民に新たな共生をもたらす基盤として受け入れられている全般的な平和の諸原則の上に立っている。／ポーランドに関してこの諸原則は、すべてのポーランド地域を包含し、海への通路、政治的、経済的な自立、国際条約によって保障される領土の不可侵性を有する独立国家の創建につながる。

一見して明白なように、「アメリカ合衆国大統領によって公表され」たとされる諸原則とは、ウッドロー・ウィルソン大統領が一九一八年一月に公表した「一四カ条」を指す。その第一三条には、「明らかにポーランド人が居住する領土を含む独立したポーランド国家が樹立されねばならない。それは海への自由で安全な航路が保障され、また国際規約によって政治的および経済的独立と領土的保全が保障されねばならない」（西崎文子訳）[1]とあり、大筋において先の引用文と内容的に一致する。

戦争の趨勢は、徐々にはっきりとしだしていた。連合国とのあいだでは、ブルガリアがすでに九月末に休戦協定を結んでいた。そして、ドイツ（一〇月三日）およびオーストリア＝ハンガリー（一〇月七日）は、アメリカ合衆国に対してウィルソンの提唱した原則を受け入れたうえでの講和のための交渉を提案した。休戦協定の締結は、それぞれオーストリア＝ハンガリーが一一月三日、ドイツが一一月一一日となる。摂政評議会が独立を目指したのは、ドイツやオーストリア＝ハンガリー自身がアメリカ合衆国との外交交渉を始めようとしたタイミングであった。

ただし、領土については、ポーランドとウィルソンとのあいだでニュアンスが異なることには注意が必要である。微細な表現上の違いにみえるかもしれないが、国境線をめぐる争いは、連合国と、ドイツおよびオーストリアとのあいだで停戦協定が成立したあとも続いた。

実際、ポーランドは四方八方に領土問題を抱えていた。ドイツとはポズナンや上シレジアをめぐって、チェコスロヴァキアとはチェシン地域をめぐって、リトアニアとはヴィリニュスをめぐって、ウクライナとは、ヘウム地域の他にもリヴィウや東ガリツィアをめぐって紛争が起きた。さらに、ロシアとのあいだでは戦争も勃発した。国境紛争は、ポーランド、ロシア、ウクライナとのあいだで締結されたリガ条約

（一九二一年三月）でひと段落するものの、対立が解消されたわけではなく、第二次世界大戦期に再燃する。本書の主題から逸れるためにこれ以上踏み込まないが、ここに第一次世界大戦が「終わり損ねた」といわれる大きな要因があったことだけ確認しておきたい。[2]

さて、独立に向けて動き出すことを決めた摂政評議会は、国務評議会を閉鎖し、将来的には自らの権力を委譲することのできる政府と議会を組織することにした。そして、そのために、声明（史料④）で次のように国民に呼びかけた。

ポーランド人よ！　いまや我々の運命は、かなりの程度において、我々の手中にある。我らの父祖が一世紀にもわたる抑圧と隷従のなかで育んできた力強い希望に、我々が相応しい者であることを証明しようではないか。我々を分断しうるあらゆるものを沈黙させ、ただ一つの偉大なかけ声を響かせよう。統一かつ独立したポーランド、と。

同時代では、一九一八年一〇月一八日付で、トマーシュ・マサリクたちがパリで「チェコスロヴァキア国民の独立宣言」を採択しており、そこでもウィルソンの原則が援用された。[3] この時期のポーランドとチェコスロヴァキアの動きには、興味深い共通性を看取できる。

ただし、上述の独立宣言で共和政を目指すとされたチェコスロヴァキアとは異なって、ポーランドのとるべき政体は明確ではなかった。チェコ人やスロヴァキア人のあいだでも、立憲君主政か、民主共和政かの議論はなされていたが、やがて初代大統領を務めるマサリクは、すでに一九一八年五月の段階で、独立したチェコスロヴァキア共和国を目標に掲げた協定をアメリカ合衆国のピッツバーグにてまとめた。[4]一〇月二六日にジュネーヴにてマサリクのような国外で活動をした勢力と、国内に留まった勢力とが会談を行ったが、すでにそこで君主政支持は少数派であった。[5]

しかし、やがて明らかになったのは、摂政評議会も独立を目指す諸勢力の一つに過ぎないということであった。ポーランド社会党革命派によるプロパガンダを受けて、一〇月一四日から一六日にかけて、各地の都市でゼネラル・ストライキが広がり、摂政評議会を打倒する要求までなされた。[6]そのため、ポーランド国防軍の再編に取りかかろうとしていた摂政評議会は、同党の指導者であるユゼフ・ピウスツキを軍務相に迎えることにした。一一月三日にキール軍港で水兵たちが決起したことで始まったドイツ革命の最中に解放されたピウツスキは、同月一〇日にワルシャワに帰還した。すでに序章で述べたように、その翌日に彼はポーランド国軍最高司令官に任命されるのであるが、そのことはいまみた一〇月の出来事があったためであった。

その後も、クラクフでは一〇月末に「ポーランド清算委員会」が成立し、ポーランド農民党ピャスト派のヴィンツェンティ・ヴィトスが代表を務めた。同委員会には、オーストリア領ポーランドで活動したポーランド社会民主党や、ピウスツキに忠実であった軍事組織の構成員も参加していた。[7]

レオン・ベルベツキのように、もしハンス・フォン・ベーゼラーから摂政評議会を攻撃せよとの命令が来ても従わないが、その逆には服従するとの意思を表明した軍人は実在した。ポーランド国防軍は、決してドイツの傀儡的な部隊であったわけではなく、摂政評議会の指揮下にあった。[8]ところが、政権を揺らがせる動きは外部のみならず、内部からも生じた。ユゼフ・シフィエジンスキ首相率いる内閣は、一一月三日、摂政評議会から合意をえることなく、以下のような声明を発表した。

勤労人民の代表が多数派を占める国民政府が、至急創設されねばならない。立法議会が招集されるまで不可分の権力を担う国民政府が成立する瞬間まで、我々はこの場に留まり、本日から始まる共和国の建設という偉大な仕事に協力するように国民に呼びかける。[9]

同時代人のカジミェシュ・ヴワディスワフ・クマニェツキによれば、これは、政府の報告で初めて「人民ポーランド」を目指すとしたものである。当然のことながら、激怒した摂政評議会は、一一月四日付の詔書でシフィエジンスキ内閣を総辞職させ、新たにヴワディスワフ・ヴルブレフスキを首相に臨時内閣が

シフィエジンスキ内閣
（1918年10月23日~1918年11月4日）

役　職	人　名
首相	ユゼフ・シフィエジンスキ
司法相	ユゼフ・ヒゲルスベルゲル
財務相	ユゼフ・エングリフ
内務相	ジグムント・フシャノフスキ
宗教信仰・公教育相	アントニー・ポニコフスキ
農業・王領地相	ヴワディスワフ・グラプスキ
商工相	アンジェイ・ヴィエシュビツキ
配給相	アントニー・ミンキェヴィチ
労働保護相	ユゼフ・ヴォルチンスキ
公衆衛生・社会保護相	（不在）
交通相	ヴァツワフ・パシュコフスキ
軍務委員会長官（のち軍務相）	ユゼフ・ピウスツキ
政務部長官（のち外務相）	スタニスワフ・グウォンビンスキ

ピウスツキの任命は10月24日、ミンキェヴィチ、グウォンビンスキ、ヴォルチンスキ、パシュコフスキの任命は10月26日であった。また、ヴォルチンスキは、当初は「公衆衛生・社会保護・労働保護相」に任命されたが、やがて公衆衛生・社会保護省が独立したため、「労働保護相」となった。上記のリストは、このことを反映している。

発足した[10]。これが、摂政評議会のもとで組閣された最後の内閣となる。

シフィエジンスキ内閣の行動は、前章第三節で検討した一九一八年一月三日付の布告（史料③）の規定を逸脱しており、その意味では「クーデター」とも呼べる。失敗に終わったが、民主共和政の樹立の声は明らかに押しとどめられなくなっていた。摂政評議会のもとで「統一かつ独立したポーランド」を実現させることがいかに困難であったか。それをさらにはっきりとさせたのは、かつてオーストリア領ポーランドを拠点に活動した社会主義者たちである。オーストリア＝ハンガリーが占領したルブリンを拠点に臨時政府を名乗ったかれらが目指したのは、「ポーランド人民共和国」であった。

第二節　ルブリン臨時政府の呼びかけ

第一章で述べたように、イグナツィ・ダシンスキは、最高国民委員会の重要な構成員であったが、ハプスブルク君主国の崩壊に乗じて行動に出た。彼を筆頭にする集団は、一九一八年一一月七日付で、次のようなマニフェスト（史料⑤）を公表した。

ポーランドの人民よ！　ポーランドの農民と労働者たちよ！

〔……〕我々は、旧ポーランド王国およびガリツィアの諸農民政党と諸社会主義政党の指導によって、人民ポーランド臨時政府〔の樹立〕をここに宣言する。立法議会の招集まで、我々は、完全かつ不可分の権力を担い、人民とポーランド国家の善と利益のために公正にこれを行使することを誓うが、ポーランドでポーランドの民主的権力を承認しようとしない者に厳正かつ厳粛な処罰を下すことをためらいはしない。

社会主義者であるダシンスキたちは、先述のシフィエジンスキ内閣よりもはっきりと人民のための国家と、その敵への対抗を述べている。そして、その打倒対象が摂政評議会であることは、第二条で明らかにされた。

ポーランド国民に害をなす摂政評議会は、本日をもって、ポーランド人民の意思により存在を停止する。摂政評議会とそれが設置した政府がこのポーランド人民の意思に従わない場合、法の外に置かれる。告発し、捕縛して我々の行政政府に差し出すことが、ポーランド国家のあらゆる市民の義務となる。

このように、ルブリンに成立した「人民ポーランド臨時政府」は、ワルシャワの摂政評議会に対して自分たちに従属することを求め、もしそれに「反対する場合、近日中にその構成員と権限が発表される人民裁判に起訴される」（第三条）とも主張した。両者の闘いは国家のシンボルにも及び、スタニスワフ・トゥグットのもとで発行された『内務省官報』で描かれた鷲には、王冠はなかった[11]。

そのうえで、マニフェストの日付をもって、普通、平等、直接、秘密、比例の投票に基づく立法議会の招集と、二一歳以上の男性および女性に対する選挙権および被選挙権の付与（第四条）、完全な政治的・市民的同権と、良心、出版、言論、集会、行進、結社、職業組合やストライキの自由（第五条）、贈与財産と相続地の国有化（第六条）、森林の国有化（第七条）、一日八時間労働の導入（第八条）、食糧供給の安定化に向けた地方自治体や行政組織の整備（第九条）、を宣言したのである。さらに、立法議会が成立した際には、所有地の分配、産業の国有化や経営への労働者の参加、社会保障立法の導入、戦争を利用した財産の没収、世俗的かつ無料の普通義務教育の導入に取りくむことも約束された。

　これらを前章で考察した摂政評議会の統治体制と比べれば、両者の違いをより明確に理解できる。社会主義者を中心としたルブリン臨時政府のマニフェストは、階級的格差とともに、いわば身分制の

ポーランド人民共和国臨時政府
（1918年11月7日~1918年11月17日）

役　職	人　名
首相	イグナツィ・ダシンスキ
外務相	（ダシンスキ兼任）
司法相	（ダシンスキ兼任）
内務相	スタニスワフ・トゥグット
プロパガンダ相	ヴァツワフ・シェロシェフスキ
出版相	（シェロシェフスキ兼任）
労働・社会保護相	トマシュ・アルチシェフスキ
公共事業相	マリアン・マリノフスキ=ヴォイテク
農業相	ユリウシュ・ポニャトフスキ
配給相	（ポニャトフスキ兼任）
協同組合相	メドラド・ドヴナロヴィチ
財務相	（ドヴナロヴィチ兼任）
軍務相	エドヴァルド・リッツ=シミグウィ
郵便・交通相	イェンジェイ・モラチェフスキ
教育相	（空席）
産業省	（空席）
無任所大臣	ブロニスワフ・ジェミェンツキ
無任所大臣	トマシュ・ノチニツキ
無任所大臣	ブワジェイ・ストラルスキ

史料⑤のマニフェストに署名したものの、ポーランド農民党ピャスト派が不参加となったため、兼任や欠員が目立った。当該政府は、11月14日からはポーランド人民共和国政府として活動した。

残滓（ざんし）を一切排除するかたちで構成されたのである。もっとも、男女の同権に関しては、それ以前からの文脈を考慮しなければならない。

第一章で言及したように、最高国民委員会は女性連盟と密接な関わりがあったし、ダシンスキ個人としても、兄弟の妻には、ガリツィアおよびシロンスクにおける女性連盟の指導者であったゾフィア・ダシンスカ＝ゴリンスカがいた。すでに女性解放運動は、ポーランドにおいて周縁的なものではなくなっていた。実際のところ、女性もまた祖国のために武器をとったのであり、とりわけ重要なのは、一九一八年末にリヴィウ防衛のために成立した女性志願兵団である（口絵五・六も参照）。ポーランド人やウクライナ人、ユダヤ人の住むリヴィウでは、民族間の対立が熱を帯びて凄惨なポグロムも発生した。最高国民委員会のもと、女性連盟はポーランド軍団に物資を送るなどの活動に従事してきたが、彼女たちは、女性もまた新生国家の領土を守るために「戦える性」であることを示した[12]。

しかし、ルブリン臨時政府は、旧リトアニア大公国地域やウクライナにいるポーランド人に対しては、リトアニア国民、ベラルーシ国民、ウクライナ国民との争いを回避するように求めた。マニフェストの最後では、チェコ国民やスロヴァキア国民にも、協力を要請しており、先述のような領土問題がここで念頭に置かれていることがわかる。その一方で、ダシンスキたちは、ドイツ兵には敵対的な姿勢を崩さなかった。かれらは自分たちの土地を脅かす存在に対しては、断固として自衛をすることを呼びかけて、次のように主張したのである。

ポーランドの人民よ！　行動するときが来た。父祖の汗と血が滲みこんだ君たちの土地の解放という偉大な仕事に、働いて鍛えたたくましい腕で取り組むのだ。そして、次の世代に偉大かつ自由な、統一された祖国を引き継ぐのだ。一丸となって行動のために立ち、、ポーランドとその勤労者の解放という偉大な仕事に、財産、犠牲、命を捧げよ。

もっとも、ドイツ全体が敵とされたのではなく、ドイツの人民には、ドイツの軍隊を撤退させることや、戦争中に捕らえられたポーランド人の解放が期待された。ここでとりわけ興味深いのは、解放が求められたポーランド人のなかでピウスツキの名前が挙がったことである。ピウスツキは人民の軍隊を創設する指導者に相応しい人物とみなされていたが、一一月七日の時点では、まだ抑留状態にあったため、その腹心で、ポーランド軍団第一歩兵旅団大佐であるエドヴァルド・リッツ=シミグウィに、人民軍の創設が任せられた。

リッツ=シミグウィと談笑するピウスツキ

写真の時期は1920年で、当時二人はポーランド・ロシア戦争に従事していた。打ち解けた雰囲気ではあるが、直立するリッツ=シミグウィは、自分より20歳近くも年配のピウスツキに、どこか緊張しているようにもみえる。 Narodowe Archiwum Cyfrowe, sygn. 3/1/0/1/389

それでは、こうしたルブリンでの動きに対して、労働者はどのように反応したのだろうか。一九一八年一一月一三日ごろ、工業都市ウッチで以下のような告知（史料⑥）がなされた。

労働者たち、そして女性労働者たちよ！
独立ポーランド人民共和国が成立し、今日まで哨兵線によって分裂していた祖国が我々の自由を回復させたいま、我々労働者は、緊急に自らの権利を防衛せねばならない。そして、地域の反動に対抗できる陣営を結成しなければならない。労働者ラーダこそが、我々にとってこの都市の最高機関であり、勤労階級を代表するということを胸に刻もう。それゆえに、我々のすべての者は自身の義務を全うし、またそれゆえに、代表の選出をあらゆる場所で進めるのである。

これは、ルブリン臨時政府の成立と並行して、旧ポーランド王国地域各地でみられた労働者のラーダによる運動の一つである。ここでのラーダとは、ロシアのソヴィエトやドイツのレーテと同じく「評議会」を意味する。ラーダ運動は、首都ワルシャワや炭坑地域のドンブローヴァ・グルニチャで盛りあがり、繊維産業で発展したウッチも、その中心地の一つであった。
「労働者ラーダ臨時幹事会」の名の下になされた上の告知によれば、そこには、政党としては、ポーランド社会党革命派、革命派の本流に対する派閥内野党の労働者反対派、労働者国民連盟（一九〇五年成立）

が参加し、手工業者や工場労働者の組合に加えて、さらに協同組合や教育協会も加わっていた。労働者国民連盟は、もともとは国民民主党が創設したのであるが、活動の方針をめぐって対立し、社会党革命派に接近した。男性のみならず、女性の労働者が意識されていることも特徴的である。さらに、この告知では、「階級的」な組織からの代表を送るように呼びかけられているが、ここでの「階級的」とは、基本的には社会主義的と理解できる。ただし、社会主義勢力の内実は複雑で、ポーランド社会党左派が親ボリシェヴィキ的なのに対して、ポーランド社会党革命派や労働者国民連盟はそうではなかった。そのため、労働運動には、ロシアやドイツの革命と連帯するのか、ポーランドの独立を優先するのかが潜在的な争点として伏在した。

この問題は、一一月一六日に公表された告知（史料⑧）で鮮明になった。そこでは、「ポーランド社会党〔革命派〕および労働者国民連盟によって組織されたウッチ市労働者ラーダは、『ルブリン政府』の支持とブルジョワジーとの妥協という政策原則に立つ」理由で、「ウッチ市とその近郊の労働者代表ラーダ」を設立することが必要なのであった。そして、一三日付の告知（史料⑥）で成立したウッチ市労働者ラーダに対してルブリン臨時政府への支持を放棄し、同一の綱領を採択することを要求した。これは、文脈からみて、ポーランド社会党左派や、ポーランド王国およびリトアニア社会民主党の立場からなされたものである。[13]

かれらの目標は、「労働者、農民、兵士の代表ラーダによる政治権力の奪取のための闘争――労働者政権の樹立――プロレタリアートの独裁」とされ、それによって工場や炭坑、土地を社会化し、「人間による人間の支配」は廃止され、すべてのひとに生活を保障できるとされた。また、同じ告知（史料⑧）では、一日八時間労働を基本にしつつも、「健康を害する産業では一日につき六時間制」を追求するとした点に、ダシンスキたちのマニフェスト（史料⑤）よりも踏み込んだ改革を構想したことがわかる。そして、政府による活動家の逮捕や、ドンブローヴァ・グルニチャでの軍による同志フルマンの殺害を強く非難した。

現在はウクライナ領のブロディで生まれたユダヤ人作家ヨーゼフ・ロートの『サヴォイ・ホテル』（一九二四年）は、こうした当時の状況を扱った文学作品である。この作品では、シベリアでの収容所暮らしを終えて西に向かう戦争帰還兵ガブリエル・ダーンの眼を通して、ある都市での物語が描かれるが、その舞台はウッチと推測される。[14] その物語は創作的フィクションであって、歴史叙述ではない。しかし、ロート自身、ダーンのように第一次世界大戦に従軍し、帰還兵となった経験があり、同時代を生きた作家によるテキストもまた、歴史を考えるうえで重要な素材である。

最初に注目したいのは、サヴォイ・ホテルに妻とロバ同伴で泊まっていた道化師ヴラディミール・サンツィンの死である。彼は肺結核にかかっていたが、貧しく、医者にかかろうとしなかった。病の熱にうかされたサンツィンは、我を忘れて看病をする主人公たちに芸を披露した後、みじめに死んでしまう。しかし、一時はショックを受けたホテルの客はじきにサンツィンのことなど忘れてしまい、ダーンだけが覚えている。こうしたサンツィンという架空の人物が表象する貧しいひとの病死は、実際に大量に起きていた。当時のウッチで、肺結核は他の感染症よりも多くの犠牲者を出しており、それは劣悪な栄養状態や住環境に起因した。そのため、物語のなかでそうであったように、現実においても、貧しい住民にとっては食堂が生存の基盤になり、各地の自治体が食堂を支援したのである。[15] 労働者ラーダの告知（史料⑥）で、食品協会が多く参加したのも、生活に苦しんでいた事情があったと考えられる。

ただし、作中の「貧民救済食堂」での描写は、ロートによる創作の性格が強い。主人公のダーンは、食堂で突き刺したスプーンが倒れないほど「どろっとした濃厚な豆のスープ」を飲むのであるが、実際に設置された「簡易食堂」では、食糧不足で頻繁に飼料用のカブラ（ルタバガ）が使われ、おそらくスプーンをつきたてても、器とぶつかる空しい音を立てるだけであったであろう。また、物語ではスープを持ち帰るひともいたが、現実の世界では、スープは食堂のなかで飲むことが原則であったし、ロートが病気の蔓延のせいで食堂が閉鎖されたと描いたのも、実態からすれば一面的である。現実のウッチでは、戦争によって荒廃した東部国境に支援物資が送られたことや、食堂のスタッフが物資を闇市に横流ししたことが明らかになったことで食堂の市営化が進んだのである。[16]

そうした諸点に注意を払いつつ、物語のクライマックスに移ろう。『サヴォイ・ホテル』で一貫するモチーフは、ロシアからの帰還兵と、住民のボリシェヴィキや革命に対する危機感であった。物語の当初では、それらは必ずしも結びつけられていなかったが、ダーンの戦友で、やはり帰還兵のズヴォニミール・パンシンが登場することで物語はよりダイナミックに展開する。新聞記事で「革命の黴菌（ばいきん）を無菌の土地」にもたらしたのは帰還兵たちだとされ、地元の労働者と帰還兵が工場主や警察と争うようになる。語り部役のダーンが観察に徹するのに対して、パンシンは行動のひとで、他の帰還兵たちに向かってこのようにいった。

おれたちみんなはな、もう何年間も、サヴォイ・ホテルの一階のおえら方のように、あんなきれいな柔らかいベッドで寝たことがないんだ。
おれたちみんなはな、もう何年間も、ホテルの下のバーの旦那方のように、あんなきれいな裸の娘たちを見たことがないんだ。

この都市は貧乏人の墓場なんだ。工場主のノイナーのところの労働者たちは剛毛の埃を吸い込み、みんな五〇歳で死んじゃうんだ。(平井達治訳[17])

じつは、サヴォイ・ホテルは二層に分かれており、サンツィンのような貧しいひとは上の階に泊まり、経営者に部屋代の代わりに荷物を質入れしたせいで出られなくなっていた。これに対して、下の階は工場主ノイナーの友人たちのような富裕層が利用し、享楽的に過ごしていた。戦争という理不尽にすでに打ちのめされた帰還兵には、貧富の格差という別の理不尽を許すことができなかったのだろう。ホテルを破壊しようとする帰還兵が警察と衝突した結果、ホテルは燃え、多数の死者がでたところで、ダーンは旅を再開する決意をして物語は閉じられる。

ロートは、『サヴォイ・ホテル』全体を通して、ボリシェヴィキや革命に対するナイーヴな忌避が「危険」と認識される過程を表現し、それと同時に、イデオロギーではなく義憤をパンシンの原動力として描いた。これは、読み手の理解を容易にするために作家が用いるプロットであるが、革命の実態と表象を区別する局面では、歴史研究者とほとんど変わらない行為をしている。このプロットは、例えば、次のように書かれた現実のウッチの新聞記事を「分析」する力すらある。

これらすべて〔社会主義運動〕は、風車に対するドン・キホーテたちの戦いであり、騙されやすい人がひっきりなしに扇動を拝聴しに列に並ばせられるだけのことに支えられた不確かな理論のほかに、道義的な確固たる根拠をもたない。幻滅する事態になって嘆いても遅い。革命は血まみれの傷と、騙されて呆然とした魂にもっとひどい傷を残す。[18]

記事の筆者は、日刊新聞『発展』(一八九七年創刊)の編集者であるヴィクトル・チャイェフスキで、この新聞は当時のウッチでは最有力紙の一つであった。大戦前の『発展』の基調は中道リベラルであったが、ドイツ占領期に休刊を余儀なくされた後、一九一八年一二月に再開してからは右傾化した。[19]上の記事に示されるように、そこには分かりやすい世界観があり、ロートのプロットでは区別されている社会主義とその支持者、かれらへの偏見が結びつけられている。ただし、ロートのプロットにも捨象されたところがあった。それは、現実の労働者のあいだにも、『発展』と同じような偏見が存在した事実である。ラーダの代表を選出する際には、もしポーランド社会党左派やポーランド王国およびリトアニア社会民主党が多数派を占めたら、「ボリシェヴィズムと無秩序」がもたらされ、「レーニンたちやトロツキーたちの掲げる目的」に突き進むだろうと語られた。そして、実際に選出されたラーダのなかで、上記の二政党はわずかな影響力しか及ぼせなかったのである。[20]

しかし、それでもロートの作品は、当時の労働者や社会主義をめぐる状況を私たちが想像することを助けてくれる。政党の指導者ではなく、運動の末端にいた労働者たち自身は滅多に史料を残さなかったため、かれら自身について知ることはとても難しいが、フィクションと事実を往復することで、私たちは、かれらに対する想像力を豊かにすることができる。かれらはパンシンほど純粋ではなかったかもしれないが、「騙されやすかった」だけで運動に参加したとも限らない。飢えや病に追い詰められたなか、自分や家族の将来に対して自分たちの目線から信頼できる言葉や世界観を受容し、その結果、ラーダが支持を集めたのであろう。社会主義全体に批判的な『発展』の立場からすると、これは理解困難な行動に映ったはずである。労働者のなかにはそもそも運動に加わらなかったひともいたであろうし、ラーダだけが唯一の困難の解決方法であったわけでもなかった。しかし、ラーダ運動への関与を選んだ労働者の動きは、その後のポーランドの道を確実に決定づけたといえる。

第四章　共和国の革命

第一節　臨時国家主席の誕生

労働者ラーダが各地で広がり、ドイツでは革命が展開される最中、ユゼフ・ピウスツキがワルシャワに到着した。一九一七年七月に逮捕されて以来、ドイツで自由を奪われていた彼は、ドイツ革命の最中の一一月八日に釈放され、その翌々日に帰還したのであった。

そのピウスツキによる一九一八年一一月一四日付の布告（史料⑦）は、次のように始まった。

ドイツによる監禁から解放された私は、自由の身になったポーランドが、国内的にも対外的にも混沌を極める状況で非常に困難な課題に直面していることを知った。この困難な状況のなかで、ポーランドの人民は、いかなる外的勢力も奪うことのできない自身の組織能力を示さねばならない。私は、統合の作業を人民のために容易にすることを自らの義務と考え、新政府に固有の特徴をもたらすポーランドの諸人民政党の指導者の役割と意義を重視することを決定した。

彼が到着したときのワルシャワ郊外には、兵士評議会を形成したドイツ軍が留まっており、かれらを武装解除し、武器を国家の管理下に置くことが課題になっていた。[1] 摂政評議会からポーランド軍総司令官に任命され、さらに軍事に関する全権を委ねられたピウスツキは、帰還後まずこの問題に着手した。一〇月の段階ではピウスツキを軍務相に任命するつもりでいた摂政評議会は、さらに踏み込んだ権利を与えたのである。ただし、摂政評議会が国家の統治権を委譲する「国民政府」が成立したときには、ピウスツキもまた軍事に関する全権を同じ政府に移譲することが条件づけられた。[2]

やがてピウスツキはドイツ残党兵の武装解除に成功し、次に諸勢力との交渉に取りかかった。とくに重要な交渉相手は、ルブリンでポーランド人民共和国臨時政府を名乗って労働者ラーダから支持を集めたイグナツィ・ダシンスキたちであったが、エドヴァルド・リッツ=シミグウィが橋渡し役となった。ワルシャワで会談が重ねられ、ついに妥協が成立する。そして、この段階で、自分たちの主導では障害が大きいと認めた摂政評議会は、「権力は単一であるべきである」との考えの下、一一月一四日、ピウスツキに自らの権限を委譲し、解散することを決定した。[3] これによって立憲君主政を推進する主体は、国家の政体を決する権力闘争の場から姿を消した。

そして、ピウスツキは、一一月一四日付の布告（史料⑦）の続きにおいて、ダシンスキを首相に任命し、「ポーランド共和国最高代表機関の創設案の作成」を命じたと表明した。新しい政府のトップに社会主義者が就くことは、各地の労働運動を説得させる戦略的意味があった。実際のところ、ピウスツキは、「ポーランドの現状からすれば、立法議会が招集されるまでは、政府の性質は臨時的なものであり、ただ立法議会のみが行うことのできる大幅な社会的変化の実施は許されない」と述べ、社会主義者と対立する保守層や国民民主党にも配慮した。このように党派間のバランスを取りながら、国家の統一に向かえるからこそ、摂政評議会は彼に全権を委ねたのであるが、やがてアメリカ合衆国やイギリスをはじめ、国際社会から国家としての承認をえるには、社会主義を体制として前面に出すことは決して賢明ではなかったであろう。こうして、ポーランドが共和国になる道が、ゆっくりと、しかし確実に軌道に乗りだしたのである。

社会主義者として広く知られすぎていたダシンスキが首相になることは実現しなかったが、代わりに首相となったイェンジェイ・モラチェフスキもポーランド社会民主党の党員であり、かつルブリン臨時政府に名を連ねた。ピウスツキは、「ポーランド人民共和国臨時政府によって決定された首相」であるモラチェフスキから提出されたポーランド共和国最高代表機関の創設案を承認し、一一月二二日付の布告（史料⑨）で、次のように定めた。

第一条　臨時国家主席として、私は、ポーランド共和国の最高権力を有し、立法議会招集までそれを保持する。

第二条　ポーランド共和国政府は、議会の招集まで、私によって任命され、私に責任を持つ首相と大臣によって構成される。

この時点では議会が成立するまでの暫定的な役職として想定されたため、臨時のものとされているが、ピウスツキは国家最高権力者として「国家主席」に就任し、首相や大臣を任命することができるようになった。あとでみるように、一九一九年二月二〇日の議会決議によって、ピウスツキは議会成立後もその座を維持し、一九二二年一二月に初代大統領に就任したガブリエル・ナルトヴィチに権限を委譲した。したがって、国家主席は大統領に近い地位といえるが、とくに議会成立前は、監視や統制をする機関がないため、その権力は極めて強大で、まさに非常事態であるからこそ可能な地位であった。

ただし、ピウスツキ自身が「ポーランド国家のすべての公務員は、〔……〕ポーランド共和国への忠誠宣言を行う」（第六条）、と定めたように、ポーランド国家の公務員は、彼個人に仕え

モラチェフスキ内閣
（1918年11月17日~1919年1月16日）

役　職	人　名
首相	イェンジェイ・モラチェフスキ
司法相	レオン・スピンスキ
国家財務相	ヴワディスワフ・ビルカ
内務相	スタニスワフ・トゥグット
宗教信仰・公教育相	クサヴェリ・プラウス
文化・芸術相	メドラド・ドヴナロヴィチ
農業・国有地相	フランチシェク・ヴォイダ
商工相	イェジ・イヴァノフスキ
配給相	アントニー・ミンキェヴィチ
労働・社会保護相	ブロニスワフ・ジェミェンスキ
公共事業相	アンジェイ・ケンジョル
公衆衛生相	ヴィトルド・ホチコ
交通相	スタニスワフ・ストンチェク
郵便・電報相	トマシュ・アルチシェフスキ
軍務相	エドヴァルド・リッツ=シミグウィ
外務相	レオン・ヴァシレフスキ
無任所大臣	マリアン・マリノフスキ=ヴォイテク
無任所大臣	トマシュ・ノチニツキ
無任所大臣	ヴィンツェンティ・ヴィトス
無任所大臣	フランチシェク・ヴォイチク

上記の構成員は、ケンジョルからユゼフ・プルフニク、ヴォイダからブワジェイ・ストラルスキ、リッツ=シミグウィからヤン・ヴロチンスキと入れ替わった。また、ストンチェク退任後、交通相はモラチェフスキが兼任した。ホチコは、本来任命されたトマシュ・ヤニシェフスキの代わりに、大臣としての活動を担った。

るのでは決してなかった。そして、「閣僚評議会によって決定された法案は、私の承認をえて、特段の定めなき限り、『ポーランド国家法令集』で布告された時点で効力を有する」（第三条）との規定にしたがって、史料⑨の布告が収められた『ポーラン国家法令集』が発行された一一月二九日をもって、これは有効となった。序章で引用した法学専門家のヤツェク・ケンジェルスキは、こうした過程を踏まえて、ポーランドが共和国になった日付を一一月二九日と述べたのである。

ただし、国家の名称については、史料⑨の布告の内部でもいまだに一貫性がなかった。いま一度モラチェフスキの立場を述べると、彼は、「ポーランド人民共和国臨時政府によって決定された首相」であったのに、他のところで言及されるポーランドは、人民の形容詞が付けられていない「共和国」であった。先述のように、ピウスツキは決して新生ポーランドを社会主義国家にするつもりはなく、一九一九年一月一六日にパデレフスキ内閣が発足する。モラチェフスキ内閣が「ポーランド人民共和国」の政府であったのは、あくまで名称上のみのことではあったのであるが、この時期においては重要な意味をもった。[4] 労働者ラーダからの支持を取りつけることができたためである。このことについて、前章と同じくウッチに注目してみてみよう。

第二節　統一と排除

ポーランド社会党革命派および労働者国民連盟が、一二月一日にウッチで採択した決議（史料⑩）は、対立していたウッチ市労働者ラーダとウッチ市とその近郊の労働者代表ラーダとの統合について述べており、その冒頭部分では、「二、労働者ラーダは、ピウスツキによって組織されたポーランド政府を民主的かつ人民的と承認し、普通、平等、直接、秘密、比例の選挙権に基づく一院制の憲法制定議会を可能な限り早期に招集することを望」む、とある。そこでは明確に「ピウスツキによって組織されたポーランド政府」への支持が表明されており、続く箇所でも、その政府は一貫して勤労者の味方とみなされている。

また、この決議は労働運動自体の民主化を示すものでもあり、このことは、国家や自治体の議会を創設するにあたって普通、平等、直接、秘密、比例の選挙権を要求すると同時に、労働者ラーダの組織にも「すべての労働者は一人一票を有する」とされたところに現れた。前章でみた史料⑥および史料⑧では、工場の雇用人数に応じて選出する代表の人数が定められたが、工場が運動の単位となり、大規模な工場ほど独立して行動をしたのは、一九〇五年革命期からみられたことであった。労働者にとって、職場は、家族や隣人関係と並んで人的結合関係を形成する場であり、それゆえに運動の組織化においても重要な役割を果たしたが、その結果として工場の規模は労働者の「身分」を規定した。しかし、国家の独立をへて、政治的権利や社会的権利の平等がうたわれるなかで、運動に対する権利も平等にされようとしたのである。

しかし、さらに決議文を読む進めると、次に気づかされるのは、臨時国家主席であるピウスツキが認めたモラチェフスキ内閣の実態と、労働者ラーダの認識とのあいだの深い齟齬である。

> ウッチ市労働者ラーダ総会は、現在の人民‐社会主義的政府を労働者階級の代表として支持することを表明し、運命によって解放された祖国を労働の利益という考えによって導くポーランド人民の権利に反対するブルジョワジー‐地主の反動的陰謀との政府の戦いにおいては、政府への全面支援を誓うもので

ある。

前節で述べたことの繰り返しであるが、確かにモラチェフスキ内閣は社会主義者を中心とした政府であったものの、ピウスツキは新生ポーランドを社会主義国家にする意思はなかった。しかし、労働者ラーダにとって、その政府は「人民‐社会主義的」なのであって、「資本主義制度が終焉し、歴史の新しい時代、勤労階級の不屈の闘争によって社会主義制度が段階的に、速やかに実現する時代の敷居に立っている」ことを確信させるものなのであった。

しかし、それでは、一体なぜ政府や軍が活動家を弾圧し、殺害することが起きてしまうのか。いまみた決議では、こうした疑問がでてくるが、それを理解する鍵は、ポーランド王国およびリトアニア社会民主党とポーランド社会党左派にある。かれらの標語は、「ロシアおよびドイツの革命的プロレタリアートとの兄弟的同盟を！[6]」であり、ポーランド社会党革命派や労働者国民連盟のもとでの労働者ラーダの統合に最後まで反対した。要するに、前章で言及した、ロシアやドイツの革命と連帯するのか、ポーランドの独立を優先するのかという戦略上の対立は解消されず、後者を支持する政党や労働者にとっては、ピウスツキは、国際主義を弾圧しても、「人民‐社会主義的」と主張できたのであった。かれらのピウスツキに対する忠誠が外見上のものに過ぎなかった可能性もあるが、労働者にとって優先すべき生活の安定をもたらすのは、ピウスツキだと考えられた。

その後、一二月一六日、ポーランド王国およびリトアニア社会民主党とポーランド社会党左派は、ポーランド共産主義労働者党の結成に合意した。同党はやがてコミンテルンにも加盟し、一九二五年にポーランド共産党に改称する。戦間期には非合法活動を強いられ、さらにヨシフ・スターリンによる粛清を受けて壊滅状態に陥ったが、生き残った活動家を中心に、やがてポーランド統一労働者党が成立し、社会主義国家としてのポーランド人民共和国を支配したのである。

このように、新生ポーランドの統一は、排除と表裏の関係にあった。ナショナリズムと折り合いのつく社会主義は留まることができたが、国際主義路線の共産主義者は歓迎されざる他者とされたのである。名称上の人民共和国も、一九一九年一月一六日にイグナツィ・ヤン・パデレフスキを首相にした新内閣が発足したことで終焉を迎えた。それは、ピウスツキが国民民主党をはじめとする右派に配慮した結果であり、国際社会から承認をえるためでもあった。

第三節　共和国の勝利だったのか？

一九一九年一月一八日、パリ講和会議が始まった。ポーランドを代表して外交の場に出席したのは、ロマン・ドモフスキたちであり、日本からは、在フランス大使であった松井慶四郎が参加したが、ポーランドを承認する際の日本側の史料は、ここで重要な示唆を提供してくれる。

パリ講和会議当時の外務大臣であった内田康哉は、英米仏伊と同様に、日本もまたポーランドを国家として承認する旨を松井に伝えた。こうして、一九一九年四月上旬、日本帝国の外務省では以下のような「新聞掲載案」が作成されることになった。適宜現代の仮名遣いにあらため、句読点も補って引用してみる。

大戦勃発以来、波蘭（ポーランド）人は、その多年抱懐（ほうかい）せる祖国再興の熱望を達成せんとして激烈なる運動を開始し、遂に一九一七年八月波蘭国民委員会を組織して、その本部を巴里（パリ）に置き、同国政権の樹立を企画したるが、本年一月その在米代表者「パデレウスキー」氏は、国民の輿望（よぼう）を負いて帰来、内閣を組織し、ここに波蘭国権の確立をみるにいたれり。ここにおいて、英米仏伊の諸国皆「パデレウスキー」政府を承認し、帝国もまた三月二二日在仏松井大使をして波蘭国およびその政府に対し、正式承認を与える旨同国国民委員会在仏代表者「ドモウスキー」氏に通告せしめたり。[7]

このように、当時の日本の外務省は、アメリカ合衆国やイギリスから外交的代表と認識されていたポーランド国民委員会の役割を評価し、パデレフスキ内閣が成立したことをもって、ポーランド

発足時のパデレフスキ内閣
(1919年1月16日~1919年12月9日)

役　職	人　名
首相	イグナツィ・パデレフスキ
司法相	レオン・スピンスキ
財務相	ユゼフ・エングリフ
内務相	スタニスワフ・ヴォイチェホフスキ
宗教信仰・公教育相	ヤン・ウカシェヴィチ
文化・芸術相	ゼノン・プシェスムィツキ
農業・国有地相	スタニスワフ・ヤニツキ
商工相	カジミェシュ・ホンチャ
配給相	アントニー・ミンキェヴィチ
労働・社会保護相	イェジ・イヴァノフスキ
公共事業相	ユゼフ・プルフニク
公衆衛生相	トマシュ・ヤニシェフスキ
交通相	ユリアン・エベルハルト
郵便・電報相	フベルト・リンデ
軍務相	ヤン・ヴロチンスキ
外務相	(首相兼任)

著者作成

国家が安定したと考えた。摂政評議会のような君主政論者がポーランドの独立とどのように関わってきたのか、人民共和国がどれほど多くの労働者から期待をされていたのか。上の史料は、同時代からこれらが忘却の対象となっていたことを示している。そして、こうした認識の枠組は、長らく歴史研究にも影響を与えてきたのであり、従来の研究では、例えば、宮崎悠は次のように述べた。

一九一九年一月、折から帰国したパデレフスキが首相に指名されたのは、決して名声のみを頼った偶発的人選ではなかった。国際的にポーランドを代表する立場にあるポーランド国民委員会のメンバーであり、かつその在米支部の代表であるパデレフスキは、国内の国民民主党からの支持を得ると同時に、ピウスツキからの信任によって左派をもまとめられるという稀有な位置に立つ存在であった。彼の就任によって初めて、独立国家ポーランドは動き始めたのである。[8]

パデレフスキとピウスツキのつながりに言及している点で、宮崎の記述はかつての外務省よりも踏み込んだ考察を行っているが、何に言及するか、あるいはしないかについてはほとんど一致している。パデレフスキ内閣のもと、ピウスツキが権力を維持し、ポーランドの国家体制が構築されていくことは、「国家主席の職務を継続してユゼフ・ピウスツキに委ねることに関する一九一九年二月二〇日付の議会決議」に示される。

この決議は二つの部分から成り立っており、前半で、新たに成立した議会に国家主席としての権限を委譲することを表明したピウスツキに対して議会から感謝の意が伝えられたが、後半部分では、「憲法の内容が法的に制定されるまで」彼を引き続き国家主席に任命するとされた。議会による統制を受けることにはなったが、「国家の代表であり、民事および軍事の諸問題に関する議会による決議の最高執行者」と規定された国家主席は、引き続き大きな権限をもっていた。[9] このことは、ピウスツキに敵対した国民民主党に危機感を与え、やがて一九二一年三月一七日に採択された新しい憲法（三月憲法）では、大統領に比べて議会により大きな権限が認められた。

そして、三月憲法では、その第一条において「ポーランド国家は共和国である」と明記された。さらに、「市民の一般的な義務と権利」を定めた第五部にて、「ポーランド共和国は、家系によ

フーヴァーを迎えるピウスツキとパデレフスキ
（1919年8月15日）

中央の濃い色のスーツをきた人物がハーバート・フーヴァーで、右にピウスツキ国家主席、左にパデレフスキ首相がいる。アメリカ救済局の責任者として、フーヴァーはポーランドに食糧支援を行った。

Narodowe Archiwum Cyfrowe, sygn. 3/1/0/4/1553/1

る、あるいは身分による特権を認めない」（第九六条）と、シュラフタ身分が廃止された。「五月三日憲法の不滅の神聖なる伝統」に連なるものと序文に書かれている三月憲法は、近世のポーランド・リトアニア共和国からの連続性が強く意識されていた。[10] しかし、二つの憲法が想定する共和国には大きな違いがある。本書でもすでに述べてきたが、五月三日憲法は世襲王制の共和国のためのものであったが、フランス第三共和政をモデルにしたとされる三月憲法には、国王は存在しなかった。また、シュラフタの権利を制限したものの、農奴の解放にまでは踏みこまなかった五月三日憲法に対して、三月憲法はもはやいかなる身分による特権も、また差別も認めなかった。[11] すべてのものは、等しく市民であり、政治や社会に参加することが権利として認められたのである。

しかし、このように盤石にみえる共和政も、実際には万人から支持をえたわけではなかった。憲法をめぐる議論が続いていた時期の著作のなかで、旧オーストリア領ポーランドの政治家で、著名な保守思想家のミハウ・ボブジンスキは非常に冷めたまなざしをもっていた。彼によれば、政府の形態は試行錯誤を続けていくうちに「最適なもの」に落ち着くはずであり、そうした問題よりも深刻なのは、「ポーランド国家が新たに構築されたところの三分割地域の内在的統合」なのであった。[12]

さらに、憲法が採択されたあとになっても、例えば、国民民主党系の雑誌『全ポーランド評論』では、一九二四年にヨアヒム・バルトシェヴィチは次のように主張した。

国家体制の問題はまだ予断を許さない。この問題は、公論においてまだ十分に熟していない。共和政か、君主政か――どちらがより良いのかは抽象的には論じられない。すべて特定の場所と時間といった諸条件に依存するのである。我々の望む目的に向かっては世襲の君主政という形態が有利性を誇ることは否定できない。政治的手段の安定性と持続性のモメントは、共和政におけるよりも君主政における方で疑いもなく強くあらわされる。[13]

共和政よりも君主政の方が安定する。分割後からポーランドでみられた考え方が、ここでも繰り返されている。実際に、ピウスツキから国家主席の権限の委譲を受けたナルトヴィチは、就任間もなく暗殺された。議会で安定的に多数派を構成する勢力を欠いた一九二〇年代前半のポーランドは、政治的不安定に悩まされた。そうしたなかで、一度は政界から引退したピウスツキが一九二六年五月にクーデターを起こして再び政治の実権を握った。共和国に対してよりも指導者個人に忠実な体制が成立したことは、一九三七年に一一月一一日が独立記念日と制定されたことにも示される。一九三〇年代後半に至ってもなお、共和国は絶対の地位を占めてはいなかったのである。

終章――なぜ・どのように「共和国の革命」は実現したのか？

現代ポーランドの公式的な歴史観では、近世以来ポーランドは「共和国」である。実際にポーランドの歴史で、「共和政」は不可欠の要素をなした。しかし、近世のポーランド＝リトアニア国家は、「王のいる」共和国であり、ポーランド分割後には君主政を支持する人びとが多かった。本書でみてきたように、一九一八年一一月に至っても立憲君主政国家の可能性は残っていたし、戦間期に至っても、共和政よりも君主政の方が安定するとの主張もみられたのである。このように歴史をたどれば、民主共和政と立憲君主政との相克は、ポーランド近現代史のなかで重要な論点をなしていることがわかる。

そして、その相克の歴史のなかで、一九一八年一一月は最も重要な時期であった。それは、このときに勝利したのは民主共和政で、これによってポーランド史上初の「王のいない」共和国が成立したためである。本書では、このことを指して「共和国の革命」と捉えた。この革命では、フランス革命やロシア革命のように、国王が断頭台に送られることも、暗殺されることもなかった。ドイツおよびオーストリア＝ハンガリー二重帝国のもとで創設されるはずであったポーランド王国は、いわば「王のいない」王国のままであったからである。しかし、不在とはいえ、ポーランド国家と君主政とはなかなか関係が切れなかった。そのことに焦点を当てながら、本書は、ポーランドが近代的な共和国にたどり着くまでの道が決して平坦ではなかったことを示したと同時に、実際には立憲君主国創設の試みが独立後へと続く諸制度の基盤をつくったことを明らかにした。

中世以来の王権のあり方に忠実であったという意味で、いわば「王のいる」共和国を建設しようとした摂政評議会に焦点を当て、それがなぜ・どのように退陣したのかを考えることは、なぜ・どのように共和国の革命が実現したのかを問うことと表裏一体であった。国際主義路線を支持した共産主義者を除いて、立憲君主政を目指した摂政評議会、それを最も厳しく糾弾した社会主義勢力、国際的に活動したロマン・ドモフスキやイグナツィ・ヤン・パデレフスキに共通したのは、ポーランドの建国を進めることであり、だからこそ摂政評議会の敗北は、別の勢力の勝利になったわけである。

その摂政評議会は、「権力は単一であるべきである」との考えから、ユゼフ・ピウスツキに全権を譲った。そして、ピウスツキは、ルブリンで成立したポーランド人民共和国臨時政府との合意のうえ、臨時国家主席となり、イエンジェイ・モラチェフスキを首相とする内閣が発足した。国家の名称は、モラチェフスキ内閣時代には「ポーランド人民共和国」とされたが、次のパデレフスキ内閣から「ポーランド共和国」となった。憲法制定議会が成立しても、ピウスツキは議会から国家主席に任命され続けた。一九二一年に採択された三月憲法は、ポーランド国家を共和国と規定し、かつ身分的特権をも否定したことによって、新しい共和国は、明確に近世の共和国と区別される政体となった。

以上を踏まえると、「なぜ共和国の革命は実現したのか」の問いには、社会主義勢力を主要な批判者として、摂政評議会では統一された国家の形成が困難となったためと答えることができる。そして、「どのように共和国の革命は実現したのか」の問いには、ピウスツキを中心に、より多くの勢力が結集可能な政体が選択されたと答えられる。ただし、統一は排除と並行したのであり、ポーランドが民主共和国として独立した一方で、共産主義運動を支持する人びとは歓迎されざる他者となったことも、忘れてはならない。実際のところ、かれらもまた共和国の革命に不可欠な役割を演じており、ともすればピウスツキに目が行きがちだが、革命は、彼一人では実現しようもなかった。

井内敏夫は、共和国が王冠を取り込むことで、近代的な「王のいない」共和国が成立すると述べた[1]。時期は短く、かつ名称上のものではあったが、モラチェフスキ内閣時代のポーランドが「人民共和国」であったことには、やはり大きな意味がある。一一月一四日付の布告（史料⑦）で、ピウスツキ自身が認めたように、鍵は人民が握っていた。人民こそが国家の再建を進める主体であり、かれらから支持をえられる政府をつくらねばならなかったのであって、共和国の革命を最終的に決定づけた。そして、女性も人民の不可欠の構成員として、武器をとって戦ったひともいた。しかし、革命の勝者はかれらではなかった。国家が統一されるや、その安定が優先され、国際的にはパデレフスキ内閣をもってポーランド国家の確立が承認された。国名から「人民」がそぎ落とされ、ポーランド共和国となったことに、そのことは、象徴的に示されている。

史料編

史料①「ポーランド王国宣言」（一九一六年一一月五日）

ワルシャワ総督府の住民に告ぐ！　その軍隊の最終的勝利を固く信じ、その勇敢なる兵士たちの多大なる犠牲によってロシアの支配から切り離したポーランドの地に幸福な未来が訪れることを望むドイツ皇帝陛下、並びにオーストリア皇帝およびハンガリー国王陛下は、これらの地に世襲君主制と立憲的国制からなる自立的な国家を設立することを決定した。ポーランド王国の国境のより厳密な規定は現在取り決められている。新王国は、両君主国との友好関係に、その力を自由に発展させるために必要な保障をもつ。その軍隊には、古（いにしえ）のポーランド軍の伝統という栄光と、現下の大戦争における勇敢なるポーランド兵士同胞の記憶が息づくだろう。その組織、訓練、指導は、相互の合意によって規定される。

同盟者である両君主は、ヨーロッパ全体の政治状況と、自らの国家および民衆の福祉と安全とを鑑みつつ、ポーランド王国の国家的かつ国民的な発展が十全に達成されることを強く希望する。

ポーランド王国の西隣に位置する偉大な君主国は、自らの東の国境に、自由かつ幸福で、国民的生活に適した国家が復活し、興隆することを喜んで見守る。

ドイツ皇帝陛下の勅命を報じて

総督フォン・ベーゼラー

〔出典〕ポーランド語のテキストは、"Proklamowanie Królestwa Polskiego," *Gazeta Łódzka*, 1916.11.06, nr. 307, 2. ドイツ語のテキストは、"An die Bewohner des General-Gouvernements Warschau," *Deutsche Post*, 1916.11.12, Nr. 46, 1. 訳出にあたっては、今野元〔二〇〇九〕、二一九–二二二頁および、宮崎悠〔二〇一〇〕、二六二–二六三頁を参考にした。なお、オーストリアが占領する地域では、ルブリン総督クークが、同じ内容の宣言を読み上げた。Kumaniecki [1920], 48.

史料② 「ポーランド王国国家権力の問題に関する一九一七年九月一二日付の特許令」

第一条　一．ポーランド王国の国家最高権力は、王国が国王もしくは摂政を迎えるまで、摂政評議会に委ねられ、国際法上の占領諸国の立場は留保される。

二．摂政評議会は、占領諸国家の君主によって任命される三名で構成される。

三．摂政評議会の法令は、首相による署名を必要とする。

第二条　一．本特許令およびこれをもとに将来的に制定される法律の枠組に基づき、摂政評議会は、ポーランド王国国務評議会と協力して立法権力を担う。

二．ポーランド国家権力が担当機関をいまだ与えられていない問題に関して、国務評議会で立法案が取り扱われえるのは、占領諸国の合意があった場合のみである。このような問題に関しては、行政が発展するまで、一．に基づいて組織されたポーランド王国の諸機関の他に、総督もまた、国務評議会の要請がある場合に限り、法的効力を持つ布告を発布できる。この他、総督は、重要な軍事的利益の保護のために、法的拘束力を持つ必要な命令を発表し、ポーランド国家の諸機関にその周知と実施を命じることもできる。総督の布告は、定められた方法によってのみ修正あるいは廃止される。

三．住民の権利および義務の基盤をなすポーランド国家権力の法令や布告は、公表される前に、それが有効となる行政地域を治める占領国の総督に事前に通達されねばならない。提出後、一四日を過ぎても反対がなされない場合にのみ、有効となる。

第三条　国務評議会は、占領諸国との合意の上、摂政評議会の定めた特別規定にしたがって設置される。

第四条　一．司法や行政の領域の問題は、ポーランド国家権力に委ねられる限り、ポーランドの裁判所や当局によって取り組まれるが、占領が続く間は、占領諸国の諸機関によって取り組まれる。

二．占領諸国の権利や利益に関連する諸問題に関して、総督は、制定過程の段階にあるポーランドの裁判所や当局による決定の法的整合性や法的正当性の点検を命令し、仲裁することができる。最高裁判所の判決や決定に関する限り、総督は、そこでの自らの代理人によって、これらの権利や利益を確保することができる。

第五条　ポーランド王国の国際的代表および国際条約を締結する権利は、占領が終了した後にポーランド国家権力によって担われる。

第六条　本特許令は、摂政評議会が設置される間、有効である。

署名：シェプティツキ、フォン・ベーゼラー

〔出典〕Kumaniecki [1920], 87-88 より試訳。

史料③「ポーランド王国政府の臨時的構成に関する摂政評議会の布告」（一九一八年一月三日）

我々、ポーランド王国摂政評議会は、以下のように決定し、定める。

第一条：ポーランド王国の最高権力は、以下に明記された諸規則に基づいて活動する。

第二条：主権者としての摂政評議会は、布告および詔書を公表する。あらゆる法律は、国務評議会の法律の諸規則に基づいて公表される。

第三条：法律という形態ではない布告は、一般的な諸関係を規定する。

第四条：一般的規則としての性質を持たない摂政評議会による命令は、詔書の形式で公表される。

第五条：布告と同じく、詔書も、摂政評議会および首相の署名が付され、また王冠印璽の押印を受けなければならない。摂政評議会の布告および詔書は、少なくとも二名の摂政評議会構成員の署名がなされていれば、有効である。

第六条：摂政評議会は、首相、閣僚評議会、各大臣を通して統治を実際に行う。

第七条：首相は、ポーランド国政府の長であり、国内外において政府を代表する。摂政評議会の布告および詔書に副署し、それらを公示し、それらの実施を監視する。王冠印璽を保管する。閣僚評議会を招集し、その議長として、評議会の活動を指揮し、その決議の実施を監視する。個々の大臣の活動を監視し、大臣の候補者を摂政評議会に推薦し、摂政評議会に政府の活動を報告する。閣僚評議会で採択された国務評議会に提出する法案の承認について摂政評議会に提案する。国務評議会の開設に際しては、成立以来の政府の活動に関する全般的な報告を行う。

第八条：摂政評議会は、首相の提案に基づき、首相が何らかの原因で活動できなくなった場合に、首相の全業務を代理に行う副首相を大臣の中から任命する。

第九条：閣僚評議会は、ポーランド国政府を構成する最高合議体である。首相は、自らの主導によって、あるいは各大臣の要請に基づいてそれを招集する。三名の大臣から発せられた評議会招集の要請に、首相は応じる。

第一〇条：閣僚評議会は、首相並びにすべての大臣から構成される。大臣が不在の場合は次官本人が、当該省にそうした役職者がいない場合は大臣によって任命された部署の長が、当該省の管轄に関する問題に厳密に限って投票権を持つ代理を務める。大臣およびその代理人は、自身の省に所属する別の担当官を特定の問題に関する審議で発言させるべく参加させることを提案できる。当該の担当官は、閣僚評議会の会議で決定的な発言権をもたない。首相および閣僚評議会は、評議会に対する説明をその者からなされる必要が承認された場合、部外者を会議に招くことができる。

第一一条：閣僚評議会の議長は首相であり、その代理人は副首相である。評議会の会議は、大臣の過半数が出席する場合において有効である。あらゆる問題は、出席者の多数派によって決定される。同数の場合、議長の意見が優越される。議事録は、会議に参加する閣僚評議会執務室長官、もしくは首相によってその役目のために遣わされた担当官が作成する。

第一二条：閣僚評議会は、首相あるいは各大臣が作成した法律、布告、詔書の草案を審議し、評議会で承認された後には、それらの草案は摂政評議会に提出される。

第一三条：閣僚評議会は、摂政評議会の布告を実行するための命令や、閣僚評議会並びに各大臣の定める規則を採択する。

第一四条：国家予算は、摂政評議会および、それが成立したときには国務評議会に提出される前に、財務省の提案に基づき、閣僚評議会で決議される。

第一五条：ある省が権限を引き継ぐ方法、当該省の組織や管轄は、当該大臣の提案に基づいて、閣僚評議会の承認を受ける。

第一六条：閣僚評議会は、統治綱領もしくは統治政策の諸原則を定める。

第一七条：閣僚評議会は、各省の報告を精査し、それらの活動を調整する。

第一八条：各省の管轄を越えるか、複数の省に関係するあらゆる問題は、閣僚評議会が解決する。

第一九条：各大臣は、管轄する公務の領域においては、最高の統治権限を持つ。実際の統治活動や法案作成の他、大臣は、自身の管轄における諸機関の組織化や、占領国からの権限を引き継ぐ方法を検討する。何らかの原因で大臣がその役割を果たせない場合は次官が、当該省にそうした役職者がいない場合は大臣によって任命された部署の長が代行する。

第二〇条：軍務局およびポーランド国家公務員委員会が創設されるまで、あらゆる全国的・政治的問題に対応する政務部および軍務委員会は、首相の下で業務に就く。

第二一条：首相の管理の下、政府新聞が発行される。法務省は、法令集を発行する。摂政評議会によって承認された法律や、摂政評議会の布告は、それらが法令集にて公表されたときに有効となるが、布告に別の日付が書かれている場合は、この限りではない。閣僚評議会並びに首相の詔書や決定は、政府新聞にて公表され、それは公表された日付、あるいは提示された日付をもって有効となる。

第二二条：各大臣は、自らの省や関係省での決定事項を公表し、自分の省に関係する布告、詔書、決定を印刷するために、官報を刊行してもよい。「ポーランド王国の裁判所の設置に関する臨時規程」第三二条は、法律の効力に関係する限り、省内の決定事項や公衆への告知に適合するようにしてのみ、有効性を維持する。

第二三条：法務省は、法務の領域の監督に関するあらゆる事柄に対して、それに関連する対応能力の準備と刑務所の管理を含めて責任を負う。

第二四条：内務省は、国家全体の行政および地方自治の監督、あらゆる種類の警察、衛生業務、国土の建設と再建、水力の利権管理および監督、陸上道路の管理、軍並びに商工省に関係のない郵便、電信、電話、その他の通信手段全般、帰化の問題、全般的統計、公的保障の監督、報道の管理、他の省の管轄下にない国内的性質を持つ事柄といった領域にあるあらゆる事柄に対する準備、次いで引受と実行に責任を負う。

第二五条：財務省は、国家財政および国家の財政政策、税金、関税、予算、信用、貨幣、発券に関する事柄、信用企業や保険企業並びにあらゆる種類の信用組合の管理といった領域にあるあらゆる事柄に対する準備、次いで引受と実行に責任を負う。

第二六条：教育・信仰省は、あらゆる段階および種類の学校教育の監督、科学、文学、芸術の保護、文書館、公共図書館、読書室、博物館、劇場の保護、並びに信仰の問題における国家の権利や保護の実行に責任を負う。

第二七条：農業・王領地省は、農業、森林、農業組合、生産組合、商業組合に関する事柄、並びにあらゆる国家が所有する土地や政府行政の下にある土地の管理に責任を負う。

第二八条：商工省は、産業の組織、商業や工業に関する法の実行の管理および商業の保護、炭坑に関する事柄、度量衡、商業や工業に関する株式会社、組合、協会に関する事柄、軍に関係のない鉄道や水道の監督に責任を負う。

第二九条：社会保護・労働保護省は、公的慈善に関する事柄、戦争犠牲者の国家的保護、労働関係に関する事柄、労働移住者の保護、工場監督に関する事柄、労働保護及び社会保障に関する法制度の準備に責任を負う。

第三〇条：配給省は、食糧や生活必需品の住民への供給に関する事柄に責任を負う。

第三一条：摂政評議会は、上級公務員、すなわち大臣、次官、各省の部署の長、政務局局長、軍務委員会委員長、公務員委員会委員長、閣僚評議会執務室長官、法令集や政府新聞の編集者の任命を行う。次官および部署の長の任命は大臣の提案に、他の者の任命は首相による提案基づき、閣僚評議会で決議され、首相によって摂政評議会に提出される。

第三二条：上記以外の各省における公務員の任命は、大臣が行う。

第三三条：裁判の領域に関して、摂政評議会は、「ポーランド王国の裁判所の設置に関する臨時規程」第二〇条が定めるように公務員を任命する。審査判事や治安判事は例外で、法務大臣が任命する。

第三四条：学校教育の領域に関して、摂政評議会は、視学長官、学校監督官、公立中等学校長を任命し、大学および工科大学の長ならびに教授の選任を承認する。学校行政に関するこの他の公務員の任命は、教育・信仰省大臣が行う。

第三五条：公的業務の特定の部門がポーランド政府当局の管理下に移管されたときには、摂政評議会は、公務員の任命方法を定める布告を公表する。

第三六条：摂政評議会による任命は、上記の職務カテゴリーに対してなされるが、役職の地位の指示および当該カテゴリー内での異動は、大臣が責任を負う。公務員の解任は、当人からの要請のない場合、その者の任命権者が決定する。当人の要請があった場合の解任は、大臣に任される。

第三七条：本布告で別途規定されない限り、旧臨時国務評議会執行局ならびに移行委員会の行政的属性は、閣僚評議会に移る。王冠議長並びに移行委員会委員長の属性は首相に移る。各部の長官の属性は大臣に移る。副長の属性は次官に移る。部間の会議の属性は閣僚評議会に移る。部の官報はそれぞれの省の官報の名称を得る。

第三八条：本布告が有効となるときをもって、各省は各部を統合し、それらを省内部で再編する。政務局並びに軍務委員会は例外とする。法務省は法務部を統合し、内務省は内務部を統合し、財務省は財務部を統合し、宗教信仰・公教育省は宗教信仰・公教育部を統合し、社会保護・労働保護省は労働部を統合し、農業・王領地省、商工省、配給省は、本布告第二七、二八、三〇条にそって社会経済部を統合する。

第三九条：各部のあらゆる公務員は、本布告が有効になるとともに、現在の状況に基づき、上記のように部を引き継ぐ立場にある省の臨時的な公務員となる。旧臨時国務評議会の秘書官や執務室担当官は、閣僚評議会執務室の担当官となる。

第四〇条：国家行政は、王国―ポーランドの称号（tytuł królewsko-polskich）を用い、ポーランド王冠の下に行われる。

第四一条：以上の決定は、従来ポーランド国家に移管されていない領域における権力の行使に関しては、ポーランド政府に適切な行政部門が備わったときに有効となる。

ワルシャワ、一九一八年一月三日

首相：ヤン・クハジェフスキ

†アレクサンデル・カコフスキ 大司教
ズジスワフ・ルボミルスキ
ユゼフ・オストロフスキ

〔出典〕"Dekret Rady Regencyjnej o tymczasowej organizacji Władz Naczelnych w Królestwie Polskiem," *Dziennik Praw Królestwa Polskiego* nr. 1, poz. 1 (1918), 1-5 より試訳。

史料④「ポーランド国民への摂政評議会の布告」（一九一八年一〇月七日）

全ポーランド国民の待ちわびた偉大な時が到来した。平和が訪れ、それとともに、従来予期されなかった完全なる独立というポーランド国民の念願が果たされる。

そのときのポーランド国民の意思は、明白で、固く、一つである。その意思を看取し、それに基づいてこの布告を出す我々は、アメリカ合衆国大統領によって公表され、いまや全世界で諸国民に新たな共生をもたらす基盤として受け入れられている全般的な平和の諸原則の上に立っている。

ポーランドに関してこの諸原則は、すべてのポーランド地域を包含し、海への通路、政治的、経済的な自立、国際条約によって保障される領土の不可侵性を有する独立国家の創建につながる。

この綱領が実現するために、ポーランド国民は一丸とならねばならず、全世界にその意思が理解され、承認されるべく全神経を集中させねばならない。

そのために、我々は以下のことを決定する。

一．国務評議会は解散する。

二．国民の広範な階層および諸政治的立場の代表からなる政府を即時に招集する。

三．当該政府には、ポーランド議会のための広範な民主主義の原則に基づく選挙規定を政治集団の代表者とともに作成する義務があり、その規定を遅くとも月末までには、摂政評議会が承認し、公布するように提出するものとする。

四．然るのち速やかに議会を招集し、摂政評議会が合意し、宣誓した上で自らの権力を移譲する国家の最高権力を導入するための決定を議会が下す。

ポーランド人よ！　いまや我々の運命は、かなりの程度において、我々の手中にある。我らの父祖が一世紀にもわたる抑圧と隷従のなかで育んできた力強い希望に、我々が相応しい者であることを証明しようではないか。我々を分断しうるあらゆるものを沈黙させ、ただ一つの偉大なかけ声を響かせよう。統一かつ独立したポーランド、と。

ワルシャワ、一九一八年一〇月七日

首相：ヤン・クハジェフスキ

†アレクサンデル・カコフスキ
ユゼフ・オストロフスキ
ズジスワフ・ルボミルスキ

〔出典〕“Orędzie Rady Regencyjnej do Narodu Polskiego,” *Dziennik Praw Królestwa Polskiego* nr. 12, poz. 23 (1918): 61-62より試訳。クハジェフスキが首相として署名しているのは、ステチコフスキ内閣の解散からシフィエジンスキ内閣の発足までのあいだ、摂政評議会によってクハジェフスキが首相に任命されたことによる。クハジェフスキは組閣も命じられたが、それには応じなかった。

史料⑤「一九一八年一一月七日付ポーランド人民共和国臨時政府のマニフェスト」

ポーランドの人民よ！　ポーランドの農民と労働者たちよ！

もし君たちが自由な諸国民の家族に仲間入りしたいと望むなら、もし君たちが自分の土地の経営者になりたいと望むなら、ポーランドにおける権力を自らの手中に収めねばならない。独立し、統一したポーランド人民共和国という建造物を自ら打ち立てねばならない。

君たちがこの偉大で神聖な課題の下に集うことを確信する我々は、旧ポーランド王国およびガリツィアの諸農民政党と諸社会主義政党の指導によって、人民ポーランド臨時政府〔の樹立〕をここに宣言する。立法議会の招集まで、我々は、完全かつ不可分の権力を担い、人民とポーランド国家の善と利益のために公正にこれを行使することを誓うが、ポーランドでポーランドの民主的権力を承認しようとしない者に厳正かつ厳粛な処罰を下すことをためらいはしない。人民ポーランド臨時政府として、我々は、この政令の公表をもって全ポーランド国民を拘束する以下の法を採決し、公布する。

第一条　独自の海岸線を含め、ポーランド人の居住する地域全体を包含するポーランド国家が、永久にポーランド人民共和国を構成し、その初代大統領は、立法議会が任命する。

第二条　ポーランド国民に害をなす摂政評議会は、本日をもって、ポーランド人民の意思により存在を停止する。ポーランド国民に害をなす摂政評議会とそれが設置した政府がこのポーランド人民の意思に従わない場合、法の外に置かれる。摂政評議会とそれが設置した政府を〔摂政評議会とそれが設置した政府を〕告発し、捕縛して我々の行政政府に差し出すことが、ポーランド国家のあらゆる市民の義務となる。

第三条　現在ワルシャワに存在する臨時の行政政府に対して、我々は、ただちに我々に従い、次の指令があるまでその機能を維持することを命令する。反対する場合、近日中にその構成員と権限が発表される人民裁判に起訴される。

第四条　立法議会は、年内に、性別の区別のない普通、平等、直接、秘密、比例の投票に基づいて招集される。選挙の規則は数日中に公表する。選挙権と被選挙権は、二一歳以上のあらゆる男性市民および女性市民に付与される。

第五条　本日をもって、我々は、出自、信仰および民族性にかかわらずあらゆる市民に完全な政治的、市民的同権と、良心、出版、言論、集会、行進、結社、職業組合やストライキの自由を認めることを宣言する。

第六条　ポーランドにおけるあらゆる贈与財産と相続地は、国有であることをここに宣言する。土地の投機に反対するために別途規定を設ける。

第七条　個人のものも、かつての政府のものと同様に、すべての森林は国有であることをここに宣言する。森林の売却や細分化は、特別な許可がない限りこの政令の公表をもって禁止される。

第八条　工業、手工業、商業に一労働日につき八時間労働を導入する。

第九条　憲法制定後、我々は、直ちに真に民主的な原則に基づいた農村評議会、郡議会、都市自治体の再編と同時に、住民の秩序と安全、我々の行政機関の命令の遵守と実行、住民の配給問題への適切な処理を遂行する人民軍の各都市および農村への配置に取りくむ。この確実な実行は安価な食糧に不可欠であり、我々の最も重要な義務の一つであると考えている。犯罪的な投機と備蓄の秘匿に対抗し、食糧確保を用意にするため、我々は自治体組織や民間団体に協力を求める。

我々が立法議会で審議するのは、以下のような社会改革である。

a）大規模あるいは中規模の所有地の強制的な接収および解体、国家管理下での勤労人民への付与
b）即座に実行できる範囲からの鉱山、製塩所、石油産業、交通道路、その他の産業部門の国営化
c）即座に国営化できない産業の企業の経営への労働者の参加
d）労働の保護および、失業、疾病、高齢化に対する保障に関する法律
e）戦時において生活必需品の犯罪的投機および軍への受注でできた資本の没収
f）学校での世俗的かつ無料の普通教育の義務化

我々は、旧リトアニア大公国地域に住むポーランド人に、リトアニア国民とベラルーシ国民との兄弟的調和において、その歴史的領域でのリトアニア国家の建設を支持するように要請する。東ガリツィアやウクライナにいるポーランド人には、ウクライナ国民との係争問題の平和的解決を、両国民の確実な行動を通じたその最終的な調整を要請する。

ポーランドの人民よ！　我々が実現を望むこれらの政治的・社会的改革は不可欠のものである。それらの実現なくしては、ポーランドが現在の貧困、無気力、屈服状態から立ち上がることはない。ポーランド全土でこれらの改革を実現させる前には、盗み、破壊するドイツ軍が地域の一部にいるという障害がある。ポズナンから人民の代表を受け入れていないのも、現在のところポーランドの首都たるワルシャワで我々が政治を行えないのも、そのためなのだ。

我々は、大きな困難を伴いながらも自国で政権の獲得を目指すドイツの人民が、自国の軍隊に対して、即座にあらゆるポーランドの地域から撤退することを命令し、ピウスツキを筆頭に、これまでにドイツで捕らえられた捕虜や労働者をはじめとする我々の最良の市民を返してくれると信じる。しかし、もしドイツ軍が自らの意思でポーランドの地から出ていかないのであれば、ポーランドの人民よ、我々は君たちに、武器を手に取り、ドイツ人襲撃者からポーランドの地を解放し、国家全体を統一することを要請する。そのため、我々は、常設の人民軍の組織を、最も重要かつ最も緊急の課題の一つだと考えている。我々は、農民や労働者の若者が、勤労人民の政治的・社会的権利を防衛する人民から構成されるポーランド革命軍の隊列に喜んで加わり、人民政府に忠実かつ完全に服従し、ただその命令にのみ従うと信じる。

ユゼフ・ピウスツキが不在の中でこの軍隊を創設することを、我々は、彼の代理人であり、ポーランド軍団第一歩兵旅団大佐であるエドヴァルド・リッツ゠シミグウィに委ねる。

ポーランドの人民よ！　行動するときが来た。父祖の汗と血が滲みこんだ君たちの土地の解放という偉大な仕事に、働いて鍛えたたくましい腕で取り組むのだ。そして、次の世代に偉大かつ自由な、統一された祖国を引き継ぐのだ。一丸となって行動のために立ち、ポーランドとその勤労者の解放という偉大な仕事に、財産、犠牲、命を捧げよ。

リトアニア国民、ベラルーシ国民、ウクライナ国民、チェコ国民、スロヴァキア国民の兄弟たちよ。我々は、自由かつ平等な諸国民の同盟の創出という偉大な仕事において、あなた方に調和的な協力と相互の支援を呼びかける。

ポーランド人民共和国臨時政府

トマシュ・アルチシェフスキ、イグナツィ・ダシンスキ、メドラド・ドヴナロヴィチ、ガブリエル・ドゥビエル、マリアン・マリノフスキ、イェンジェイ・モラチェフスキ、トマシュ・ノチニツキ、ユリアン・ポニャトフスキ、エドヴァルド・リッツ゠シミグウィ、ヴァツワフ・シェロシェフスキ、ブワジェイ・ストラルスキ、スタニスワフ・トゥグット、ヴィンツェンティ・ヴィトス、ブロニスワフ・ジェミエンツキ

ルブリン、クラクフ、一九一八年一一月七日

［出典］Kumaniecki [1920], 127-129 より試訳。

史料⑥　ウッチ市労働者ラーダの創設に関する告知（一九一八年一一月一三日ごろ）

ウッチ市労働者ラーダ

勤労人民よ！

今月一三日に開催された労働者政党、協同組合、労働組合、教育結社の集会にて、労働者ラーダの創設が決まった。評議会は、暫定的に以下の〔組織の〕代表者（各二名）から構成される。

一．ポーランド社会党〔革命派〕
二．ポーランド社会党労働者反対派
三．労働者国民連盟
四．材木業労働者労働組合
五．石工職人組合「ウォンチノシチ〔団結の意〕」
六．靴職人・革職人労働組合
七．繊維業労働者労働組合「プラッツァ〔労働の意〕」
八．金属業労働者および女工労働組合（ウッチ支部）
九．製粉業職員労働組合
一〇．床屋組合
一一．労働者食品協会「ナプシュト〔前進の意〕」
一二．労働者食品協会「オグニスコ〔竈の意〕」

一三．労働者食品協会「ウォンチノシチ」
一四．労働者食品協会「ヴィズヴォレニエ〔抑圧からの解放の意〕」
一五．全国食品協会連盟（協同組合および食糧配給の問題に関する代表）
一六．労働者教育協会「ナプシュト」

我々は、階級的〔社会主義的〕労働組合、協同組合、労働者教育機関に対して、評議会に代表を派遣するように要請する。我々は、五〇名以上が雇われている工場で勤務する労働者に対して、一〇〇名につき一名の代表を、この新設された勤労階級のための最高機関に選出するよう要請する。

我々は、代表の選出を労働社会に要請する！

そのために、労働者ラーダ臨時幹事会に連絡しなければならない。評議会の建物はエヴァンゲリツカ一七番地にあり、午前九時から午後一〇時まで開室している。

我々は、労働者ラーダ臨時幹事会の現在の代表においてなされた代表選挙のみが有効な選挙であると承認されるように、労働社会に注意を促すものである。

労働者たち、そして女性労働者たちよ！

独立ポーランド人民共和国が成立し、今日まで分裂していた祖国が哨兵線によって我々の自由を回復させたいま、我々**労働者**は、緊急に自らの権利を防衛せねばならない。そして、地域の反動に対抗できる陣営を結成しなければならない。労働者ラーダこそが、我々にとってこの都市の**最高機関**であり、勤労階級を代表するということを胸に刻もう。それゆえに、我々のすべての者は自身の義務を全うし、またそれゆえに、代表の選出をあらゆる場所で進めるのである。

労働者ラーダ臨時幹事会として
A・ナピュルコフスキ（ステファン）
テオフィル・ルボンスキ
ブワジェイ・ポコルスキ

〔出典〕Karwacki [1962], 169-170 より試訳。太字は、原文では隔字体。

史料⑦「一一月一四日付のユゼフ・ピウスツキ〔ポーランド国軍〕最高司令官の布告」

ドイツによる監禁から解放された私は、自由の身になったポーランドが、国内的にも対外的にも混沌を極める状況で非常に困難な課題に直面していることを知った。この困難な状況のなかで、ポーランドの人民は、いかなる外的勢力も奪うことのできない自身の組織能力を示さねばならない。私は、統合の作業を人民のために容易にすることを自らの義務と考え、新政府に固有の特徴をもたらすポーランドの諸人民政党の指導者の役割と意義を重視することを決定した。

ポーランドにおける実質上すべての政党代表者たちと対話するなかで、私は、大変喜ばしいことに自分の考えを根本から〔正しいと〕確信した。圧倒的多数が政府の創設に求めたのは、民主主義的基盤に依拠するのみならず、農村や都市の人民の指導的代表者が参加することであった。今日ヨーロッパの西と東で勝利する力強い情勢を考慮して、私は、代議士のイグナツィ・ダシンスキ氏を首相に任命することに決定した。ダシンスキ氏の長年の愛国的、社会的活動は、氏があらゆる勢力と調和しながら、祖国を瓦礫の山から引き揚げて再建することを促進させる協働に取りくむことを私に保障する。

人民の困難な状態が、今日、国が必要としている相当数の専門集団を人民のあいだから探すことを不可能にしている。そのため私は、首相には、このことを考慮して、組閣にあたり政治的信条に左右されずに優秀な専門集団を組みこむことで、その活動効率を高めるよう求めた。

ポーランドの現状からすれば、立法議会が招集されるまでは、政府の性質は臨時的なものであり、ただ立法議会のみが行うことのできる大幅な社会的変化の実施は許されない。ただ議会のみが国民の法をつくることができるとの信念に立ち、私は、可能な限り早期に、数か月以内に議会を招集することを望んだ。法的観点からみた国民の例外的状況を考慮して、私は、三つのすべての分割領を掌握する立法議会の招集まで有効な、ポーランド共和国最高代表機関の創設案の作成を首相に命じた。

諸政党から私に提出された忠告や綱領的要望は、この共和国政府に引き渡す。

ワルシャワ、一九一八年一一月一四日

ユゼフ・ピウスツキ

［出典］"Dekret naczelnego dowódcy Józefa Piłsudskiego z dnia 14 listopada," *Dziennik Praw Państwa Polskiego* nr. 17, poz. 40 (1918), 102-103 より試訳。

史料⑧ ウッチ市とその近郊の労働者代表ラーダの創設に関する告知（一九一八年一一月一六日）

全労働者へ

今月一五日に集った、一三もの工場および企業、二つの階級的労働者機関の労働者代表は、ウッチ市とその近郊の労働者代表ラーダを創設することを決議し、まだ代表を選出していない工場や企業の労働者に対して、速やかに代表選挙を行い、労働者代表ラーダに参加することを要請する。

集会に参加した者たち〔上記の労働者代表、以下も同様〕は、あらゆる階級的労働者機関に対して、二名ずつ代表を評議会に派遣することを呼びかける。

集会に参加した者たちは、代表の選出にあたって従うべき原則を次のように決定する。

一つの企業のなかで、一〇〇名の労働者につき一名の代表を選ぶ。五〇名から一〇〇名が雇われている企業では、一人の代表を選ぶ。それよりも小規模な企業では、少なくとも五〇名ごとに労働者を集め、一人の代表を選ぶ。

ポーランド社会党（革命派）および労働者国民連盟によって組織されたウッチ市労働者ラーダは、「ルブリン政府」の支持とブルジョワジーとの妥協という政策原則に立つことが決議された議論をへて、集会に参加した者たちは、その決議を理由に上記労働者ラーダと協力することはできないとみなしたが、二つの評議会が併存することを回避するため、以下の決議を採択した。

ウッチ市とその近郊の労働者代表ラーダは、今月一三日に成立したウッチ市労働者ラーダに対して、「ルブリン政府」や、全般的に非労働者的政府であるものへの支持を放棄し、労働者代表ラーダと〔次のように〕綱領を統合することを要求する：

労働者、農民、兵士の代表ラーダによる政治権力の奪取のための闘争――労働者政権の樹立――プロレタリアートの独裁、つまり全面統治は

ブルジョワジーの財産接収によってあらゆる抑圧や搾取を撤廃し、あらゆる工場、炭鉱、土地を社会全体の所有物に返還するためであり――

それによって、階級の廃止および人間による人間の支配の廃止、兄弟愛、国際平和が実現する、それによって、共同の労働に依拠する人間らしい生活、無償の教育、病人や障害者、未亡人、孤児、高齢者の生活保障をすべてのひとに確保する。そのための闘争は――

労働者政府が即座に自らの手に食糧および生活必需品の備蓄を収め、それらを公正に分配することを可能にするため、

〔労働者政府が〕働くことを望むすべてのひとの権利を保障し、あらゆる寄生虫の権利を奪うため、労働者政府が地主から家屋を接収し、それを労働者の都市評議会の所有物にし、そのことによって人間らしい住宅を勤労人民に保障するためである。

＊

ウッチ市とその近郊の労働者代表ラーダは、労働者に対して、工場および企業において一労働日につき八時間制を、健康を害する産業では一日につき六時間制の即時の導入のために闘争することを要求する。

＊

ウッチ市とその近郊の労働者代表ラーダは、数百名ものSDKPiL〔ポーランド王国およびリトアニア社会民主党〕党員を拘留するポーランドの新たな統治政府の暴力に反対し、逮捕者の即時釈放を訴えるワルシャワの労働者代表ラーダによる抗議に賛同するものである。

労働者代表ラーダは、同志フルマンが犠牲になった労働者階級へのドンブローヴァにおけるポーランド軍当局による忌むべき暴力を激しく非難する。

＊

五名から構成される臨時執行委員会が選出され、ウッチ市の労働者の組合や協会の評議会の建物があるプスタ通り一一番地ａに事務所を設置する。

臨時執行委員会／ウッチ市、一九一八年一一月一六日

〔出典〕Karwacki [1962], 170-172. 太字は、原文では隔字体。

史料⑨「ポーランド共和国最高代表機関に関する国家主席による布告」（一九一八年一一月二二日）

一一月一四日付の布告に基づいて、ポーランド人民共和国臨時政府によって決定された首相は、私に、立法議会招集までの、ポーランド共和国最高代表機関の創設案を提出した。

提出された案を認め、以下を定める。

第一条　臨時国家主席として、私は、ポーランド共和国の最高権力を有し、立法議会招集までそれを保持する。

第二条　ポーランド共和国政府は、議会の招集まで、私によって任命され、私に責任を持つ首相と大臣によって構成される。

第三条　閣僚評議会によって決定された法案は、私の承認をえて、特段の定めなき限り、『ポーランド国家法令集』で布告された時点で効力を有する。それらの法令は、立法議会の第一回会議にて上程されなければ、失効する。

第四条　政府の文書には首相が署名する。

第五条　裁判所は、ポーランド共和国の名において判決を下す。

第六条　ポーランド国家のすべての公務員は、閣僚評議会の定めた宣誓様式に従って、ポーランド共和国への忠誠宣言を行う。

第七条　これまで国家主席に委ねられてきた上級国家公務員の任命は、首相および大臣の提案に基づき、私が行う。

第八条　第一期のポーランド共和国の予算は、政府が決定し、私が承認をする。

ワルシャワにて、一九一八年一一月二二日

ユゼフ・ピウスツキ

首相：モラチェフスキ

［出典］ "Dekret Naczelnika Państwa o najwyższej władzy reprezentacyjnej Republiki Polskiej," *Dziennik Praw Państwa Polskiego* nr. 17, poz. 41 (1918), 103-104 より試訳。

史料⑩ ウッチ市労働者ラーダとウッチ市とその近郊の労働者代表ラーダの統合に関するポーランド社会党革命派および労働者国民連盟による決議（一九一八年一二月一日）

一二月一日の集会に参加した者は、次のような原則のもと、労働者ラーダが組織されるべきであることを決議した。

一．労働者ラーダの目的は、自由で、統一した祖国における勤労階級の社会的解放である。

二．労働者ラーダは、ピウスツキによって組織されたポーランド政府を民主的かつ人民的と承認し、普通、平等、直接、秘密、比例の選挙権に基づく一院制の憲法制定議会を可能な限り早期に招集することを望み、普通、平等、直接、秘密、比例の選挙権に基づく市議会を可能な限り早期に招集することを要求する。

三．労働者ラーダは、ウッチ市におけるポーランド勤労階級の諮問および代表機関である。

四．労働者ラーダは、ウッチ市のポーランド勤労階級の代表で構成され、その創設にあたり、すべての労働者は一人一票を有する。

このような労働者ラーダのみを、集会に参加した者は支持する。

＊

I　長期にわたった戦争は、数百万もの人々を貧困や飢餓に追いやり、ごく少数の投機者を豊かにし、これまでになく階級的憎悪を強めた。この血の深淵の帰結を我々は生き抜いたのであるが、そこから労働者階級は、資本主義制度が終焉し、歴史の新しい時代、勤労階級の不屈の闘争によって社会主義制度が段階的に、速やかに実現する時代の敷居に立っているという固い確信を得た。

II　ポーランド労働者階級は、しばしば武器を手に、独立し、統一したポーランド人民共和国のために戦ってきた。自由な、統一ポーランドという我々の夢が現実になり、解放された祖国に古からのポーランドの土地であるポズナン周辺地域が遠からず統合される今日、労働者ラーダによって代表されるポーランドの労働者階級は、自らの権利を強固に防衛しなければならない。**勤労階級の理想、希望、必要にふさわしい**公正な社会制度の導入に向けてすべての力を集中させねばならないのである。

III　ウッチ市労働者ラーダ総会は、労働者ラーダの主要な任務が、あらゆる社会問題、政治問題に関する労働者階級の代表や、勤労大衆の解放闘争の指導にあると確認する。

ウッチ市労働者ラーダ総会は、現在の人民‐社会主義的政府を労働者階級の代表として支持することを表明し、運命によって解放された祖国を労働の利益という考えによって導くポーランド人民の権利に反対するブルジョワジー‐地主の反動的陰謀との政府の戦いにおいては、政府への全面支援を誓うものである。

総会参加者は、ポーランド共和国の都市や村の勤労階級は、地域の反動主義との闘争に十分な実力と能力を証明しており、王国、ガリツィア、シロンスク、ポズナンのポーランド人労働者は、地主 - ブルジョワジーの陰謀を統制することができ、自身の姿勢によって、人民 - 社会主義的ポーランド人民共和国政府の命令に服従するようにすべての者に強制する。

〔出典〕 Karwacki [1962], 172-173. 太字は、原文では隔字体。

註

序章

1　田口雅弘［二〇二一］、一九―二〇頁。
2　さしあたり以下を参照。井内敏夫［二〇二二］。白木太一［二〇〇五］。白木太一［二〇一六］。小山哲［二〇〇四］、一八―四四頁。小山哲［二〇一三］。
3　白木太一［二〇〇五］および白木太一［二〇一六］を参照。
4　小山哲［二〇二二］、八〇―九三頁。
5　山田朋子［二〇一九］、一一八頁。
6　梶さやか氏から口頭で示唆をいただいた。
7　早坂眞理［一九八七］。引用は三二頁から。
8　宮崎悠［二〇一〇］。
9　池田嘉郎［二〇一六］、一四七―一六八頁。
10　早坂眞理［二〇一九］、とくに第一二章を参照。
11　同党の前身は一八九三年に結成され、一九〇〇年にポーランド王国およびリトアニア社会民主党が誕生した。
12　**Kędzierski [2018], 92.**
13　ただし、一九四五年から一九八九年までは、一一月一一日の代わりに七月二二日が、「ポーランド再生の国民的祝日」として祝われた。第二次世界大戦中にポーランドを解放した共産主義勢力の記念日が選ばれ、その後の体制転換によって放棄されたわけである。第二次世界大戦とポーランドについては、吉岡潤［二〇一四］を参照。
14　池田嘉郎［二〇一七］、とくにvii頁。

第一章

1 Daszyńska [2012], 31.
2 小野塚知二［二〇一四］、二一七―二一八頁。
3 宮崎悠［二〇一〇］、二四四―二四六頁。引用は二四五頁より。
4 宮崎悠［二〇二一］、九九頁。
5 Przeniosło [2011], 58. Blobaum [2017] も参照。
6 福元健之［二〇二三b］、二一頁。
7 Weeks [1996], chapter 8.
8 福元健之［二〇二三b］、二一―二三頁。
9 福元健之［二〇二三b］、二二頁。
10 *W naszej sprawie. Czym jest i do czego dąży Liga Państwowości Polskiej* [1917], 19-20.
11 ポーランド農民党の前身は一八九五年に設立され、一九〇三年にポーランド農民党となったが、一九一三年に富農を重視するピャスト派と左派に分裂した。
12 Chwalba [2018], 11-18.
13 *Dokumenty Naczelnego Komitetu Narodowego 1914-1917* [1917], 227-234.
14 山田朋子［二〇一三］、七九―九一頁。
15 *Dokumenty Naczelnego Komitetu Narodowego 1914-1917* [1917], 130-131, 209, 286-288.
16 今野元［二〇〇九］。
17 Kołodziej [2018], 106.

18 *Folklor robotniczej Łodzi. Pokłasie konkursu* [1976], 181 より試訳。

19 ヨーゼフ・ロート（平井達治、佐藤康彦訳）［一九九四］、二〇七頁より引用。『サヴォイ・ホテル』については、より詳しく第三章で取りあげる。

20 Kopczyński and Rodak [2021], 181-203.

21 Kołodziej [2018], 124-125.

22 福元健之［二〇二三a］、一四七―一八四頁を参照。

23 宮崎悠［二〇一〇］、二六三―二六四頁。

24 "Deklaracja Łozańska ogłoszona po akcie 5 listopada 1916 R.," [w:] Dmowski [1926], 441 より試訳。原文はフランス語であったが、ここではポーランド語訳されたものから訳出した。

25 Ibid.

26 Ibid.

27 宮崎悠［二〇一〇］、二七二―二七五頁。

第二章

1 *Uchwały XIII Zjazdu P.P.S.* [1917], 33 より試訳。

2 Chwalba [2018], 145-146.

3 Kumaniecki [1920], 66.

4 直接的に「兄弟」のレトリックを扱うわけではないが、この問題に関しては、さしあたり村田優樹［二〇二二］、四三―五一頁を参照。

5 Kumaniecki [1920], 66-67.

6 Kumaniecki [1920], 66-67.

7 中山昭吉［一九九四］、五九―八四頁。中山昭吉［二〇〇〇］、二三一―二五四頁。

8 Kumaniecki [1920], 101.

9 Kumaniecki [1920], 89.

10 井内敏夫［二〇二二］、とくに第二章、第一三章、第一四章。

11 小山哲［二〇〇四］、一八―四四頁。井内敏夫［二〇二二］、第一七章。

12 白木太一［二〇〇五］および白木太一［二〇一六］では、四年議会に至るまでの国政改革の試みも、詳しく述べられている。

13 Kumaniecki [1920], 90.

14 序章の註7で挙げた早坂の文献も参照。

15 Kumaniecki [1920], 90.

16 中澤達哉［二〇二三］、六四―七四頁も参照。

17 先行研究によれば、当時の『ポーランド王国国家法令集』には、王冠をいただく鷲が描かれたものの、全体として統一的なモデルがあったわけではないようである。Dudziński [2018], 51-52. なお、現代のポーランドでは、現行憲法の第二八条第一項に、「ポーランド共和国の国章は、赤い背景に王冠を戴く白い鷲である」とある。

18 Balicki [2018], 17.

19 Winnicki [2017], 87-88.

20 Goclon [2014], 59.

21 Winnicki [2017], 215.

22 Winnicki [2017], 133-134, 136. 実際に招集された国務評議会では、欠員などの事情でヴィリリスタ一〇名、推薦された議員四五名、選挙された議員五三名と、第一・第三カテゴリーは第二カテゴリーよりも多かった。また、高位聖職者では、ローマ・カトリック、改革派、ルター派、ユダヤの代表が、ヴィリリスタとして議員に選ばれた。

23 Kumaniecki [1920], 108-111.

24 Kumaniecki [1920], 104-105; Chwalba [2018], 177-185.

第三章

1 西崎文子訳・解説［二〇〇六］、七八頁より引用。

2 安井教浩［二〇一七］。Böhler［2018］および衣笠太朗［二〇二三］も参照。

3 ディヴィッド・アーミテイジ（平田雅博ほか訳）［二〇一二］、二四二—二四七頁。

4 中澤達哉［二〇一四］、一三五—一六五頁。

5 林忠行［二〇二一］、二〇六—二〇八頁。

6 加藤一夫［一九七四］、三四、四六—五八頁。

7 一九三〇年代に執筆されたヴィトスの回想録の一部が、以下で翻訳されている。安井教浩訳・解説［二〇〇六］、六七—六八頁。

8 Chwalba [2018], 167-170.

9 Kumaniecki [1920], 126.

10 Kumaniecki [1920], 126.

11 Dudziński [2018], 52.

12 Borodziej i Górny [2021], 490-493. ポグロムについては、野村真理［二〇二二］。

13 Karwacki [1962], 67.

14　平井達治による「訳者解説」を参照。ヨーゼフ・ロート（平井達治、佐藤康彦訳）［一九九四］、四八〇−四八一頁。
15　福元健之［二〇二三a］、一六九−一七〇頁。
16　福元健之［二〇二三a］、一八〇頁。引用は、ヨーゼフ・ロート（平井達治、佐藤康彦訳）［一九九四］、一五三頁から。
17　ヨーゼフ・ロート（平井達治、佐藤康彦訳）［一九九四］、二〇八頁より引用。
18　Wiktor Czajewski, “Co się stanie z socjalizmem?,” *Rozwój* 1918.12.2, nr. 2, 1 より試訳。
19　Zysiak and et al. [2018], 266.
20　Karwacki [1962], 59, 70-71.

第四章

1　加藤一夫［一九七四］、四九頁。
2　Kumaniecki [1920], 132.
3　Kumaniecki [1920], 132.
4　Holzer i Molenda [1963], 370.
5　福元健之［二〇一五］、一六−一八頁。
6　Karwacki [1962], 174.
7　「11 大正八年三月二二日から大正八年一二月三〇日」JACAR（アジア歴史資料センター）Ref. B03041314800、欧州戦争関係波蘭問題一件（1－4－3－17_001）（外務省外交史料館）0579.
8　宮崎悠［二〇一〇］、一八三頁。
9　“Uchwała Sejmu z dnia 20 lutego 1919 r. o powierzeniu Józefowi Piłsudskiemu dalszego sprawowania urzędu Naczelnika Państwa,” *Dziennik Praw Państwa Polskiego* nr. 19, poz. 226 (1919), 335-336.

10 “Ustawa z dnia 17 marca 1921 r. - Konstytucja Rzeczypospolitej Polskiej,” *Dziennik Ustaw Rzeczypospolitej Polskiego* nr. 44, poz. 267 (1921), 633-658.

11 白木太一［二〇〇五］。白木太一［二〇一六］。井内敏夫［二〇二二］。

12 Bobrzyński [1920], 3 より試訳。

13 Abryszeński [2019], 31-32 より再引用のうえ、試訳。

終章

1 井内敏夫［二〇二二］、四五頁。

■一次史料

・史料集（翻訳含む）

Dokumenty Naczelnego Komitetu Narodowego 1914-1917 [1917](Kraków: Nakładem Naczelnego Komitetu Narodowego).

Kumaniecki, Kazimierz Władysław [1920] *Zbiór najważniejszych dokumentów do powstania państwa polskiego* (Kraków–Warszawa: Nakładem Księgarnia J. Czerneckiego).

西崎文子訳・解説［二〇〇六］「ウィルソンの一四カ条（一九一八年一月）」歴史学研究会編『世界史史料 一〇 二〇世紀の世界 I二つの世界大戦』岩波書店、七七–七八頁。

安井教浩訳・解説［二〇〇六］「ポーランドの独立（一九一八年一一月）」歴史学研究会編『世界史史料 一〇 二〇世紀の世界 I二つの世界大戦』岩波書店、六七–六八頁。

・法令集

Dziennik Praw Królestwa Polskiego (1918).

Dziennik Praw Państwa Polskiego (1918-1919).

Dziennik Ustaw Rzeczypospolitej Polskiego (1919-1945).

・政治的印刷物

Uchwały XIII Zjazdu P.P.S. [1917].

W naszej sprawie. Czym jest i do czego dąży Liga Państwowości Polskiej [1917] (Piotrków).

・定期刊行物

Deutsche Post (Łódź, 1915-1918).

Gazeta Łódzka (Łódź, 1912-1918).

Rozwój (Łódź, 1897-1915, 1918-1931).

・同時代人の著作（翻訳含む）

Bobrzyński, Michał [1920] *O zespoleniu dzielnic Rzeczypospolitej* (Kraków: Nakładem Krakowskiej Spółki Wydawniczej).

Dmowski, Roman [1926] *Polityka Polska i odbudowanie państwa,* wyd. drugie (Warszawa: Nakładem Księgarni Perzyński, Niklewicz i S-ka).

ヨーゼフ・ロート（平井達治、佐藤康彦訳）［一九九四］『ヨーゼフ・ロート小説集１』鳥影社。

・アジア歴史資料センター

「11　大正八年三月二二日から大正八年一二月三〇日」JACAR（アジア歴史資料センター）Ref. B03041314800、欧州戦争関係波蘭問題一件（1-4-3-17_001）（外務省外交史料館）0579.

■二次文献

・外国語

Abryszeński, Piotr [2019] *Jaki ustrój dla Niepodległej?* (Sulejówek: Muzeum Józefa Piłsudskiego w Sulejówku).

Ajnenkiel, Andrzej [1960] “Przyczynek do działalności Tymczasowego Rządu Ludowego Republiki Polskiej w Lublinie,” *Rocznik*

Lubelski nr. 3, 181-198.

Atlas historyczny Polski [1973] red. Władysław Czapliński, Tadeusz Ładogórski, wyd. III (Warszawa: Państwowe Przedsiębiorstwo Wydawnictw Kartograficznych).

Balicki, Ryszard [2018] "How Reborn Poland Became A Republic," *Przegląd Prawa Konstytucyjnego* nr. 6 (46) , 15-24.

Blobaum, Robert [2017] *A Minor Apocalypse. Warsaw during the First World War* (Ithaca: Cornell University Press).

Böhler, Jochen [2018] *Civil War in Central Europe, 1918-1921*: *The Reconstruction of Poland* (Oxford: Oxford University Press).

Borodziej, Włodzimierz, i Maciej Górny [2021] *Nasza Wojna. Imperia 1912-1916. Narody 1917-1923*, wyd. drugie (Warszawa: Grupa Wydawnicza Foskal).

Chwalba, Andrzej [2018] *Legiony polskie 1914-1918* (Kraków: Wydawnictwo Literackie).

Daszyńska, Jolanta A. [2012] "Łódź między pokojem a wojną," [w:] *Łódź w czasie Wielkiej Wojny*, pod red. Jolanty A. Daszyńskiej (Łódź: Księży Młyn), 31-42.

Dudziński, Paweł [2018] "Z dziejów Orła odrodzonej Rzeczypospolitej," *Studia i Materiały. Centralnej Biblioteki Wojskowej im. Marszałka Józefa Piłsudskiego* nr. 2 (9), 43-76.

Folklor robotniczej Łodzi. Pokłasie konkursu [1976] red. Bronisława Kopczyńska-Jaworska, Jadwiga Kucharska, Jan Piotr Dekowski, (Wrocław: Polskie Towarzystwo Ludoznawcze).

Goclon, Jacek [2009] "Rząd Jęrzeja Moraczewskiego 17 listopada 1918 – 16 stycznia 1919 r. (struktura, funkcjonowanie, dekrety)," *Przegląd Nauk Historycznych* Tom 8, nr. 2, 99-138.

Goclon, Jacek [2014] "Organy administracji państwowej w Królestwie Polskim 1916-1918. Struktura i gabinety," *Folia Iuridica Wratislaviensis* Tom 3, nr. 2, 41-92.

Holzer, Jerzy, i Jan Molenda [1963] *Polska w pierwszej wojnie światowej* (Warszawa: Wiedza Powszechna).

Karwacki, Władysław L. [1962] *Walka o władze w Łodzi 1918-1919* (Łódź: Wydawnistwo Łódzkie).
Kędzierski, Jacek [2018] "Kształtowanie się odrodzonej państwowości polskiej w latach 1918–1923," *Palestra* R. 63, nr. 734, 86-93.
Kołodziej, Edward [2018] *Gospodarka wojenna w Królestwie Polskim w latach 1914-1918* (Warszawa: Wydawnictwo Naukowe SCHOLAR).
Kopczyński, Michał, and Mateusz Rodak [2021]"The Polish Interbella Puzzle: The Biological Standard of Living in the Second Polish Republic, 1918-39," *Economic History Review* Vol. 74, No. 1, 181-203.
Pajewski, Janusz [2005] *Odbudowa państwo polskiego 1914-1918*, wydanie IV (Poznań: Wydawnictwo Poznańskie).
Przeniosło, Marek [2011] "Organizacje samopomocy społecznej w Królestwie Polskim w latach I wojny światowej," *Niepodległość i Pamięć* Tom 18, nr. 1, 57-72.
Weeks, Theodore [1996] *Nation and State in Late Imperial Russia: Nationalism and Russification on the Western Frontier, 1863-1914* (Dekalb: Northern Illinois University Press).
Winnicki, Zdzisław Julian [2017] *Rada Regencyjna Królestwa Polskiego i jej organy (1917-1918)* (Wrocław: Wektory, 2017).
Zysiak, Agata, and et al. [2018] *From Cotton and Smoke: Łódź – Industrial City and Discourses of Asynchronous Modernity 1897-1994* (Łódź – Kraków: Wydawnictwo Uniwersytetu Łódzkiego).

・日本語

ディヴィッド・アーミテイジ（平田雅博ほか訳）［二〇一二］『独立宣言の世界史』ミネルヴァ書房。

池田嘉郎［二〇一六］「第一次世界大戦と帝国の遺産――自治とナショナリズム」宇山智彦編著『ユーラシア近代帝国と現代世界』ミネルヴァ書房、一四七－一六八頁。

池田嘉郎［二〇一七］『ロシア革命――破局の８か月』岩波書店。

井内敏夫［二〇二二］『ポーランド中近世史研究論集』刀水書房。

小野塚知二［二〇一四］「戦争を招きよせた力」小野塚知二編『第一次世界大戦回線原因の再検討――国際分業と民衆心理』岩波書店、二一五―二五五頁。

加藤一夫［一九七四］「ポーランド独立回復期におけるラーダ運動 一九一八―一九一九年――ワルシャワ・ラーダ運動を中心として」『歴史学研究』第四〇九号、三四、四六―五八頁。

衣笠太朗［二〇二三］『ドイツ帝国の解体と「未完」の中東欧』人文書院。

小山哲［二〇〇四］「人文主義と共和政―ポーランドから考える」小倉欣一編『近世ヨーロッパの東と西――共和政の理念と現実』山川出版社、一八―四四頁。

小山哲［二〇一三］『ワルシャワ連盟協約（一五七三年）』東洋書店。

小山哲［二〇二二］「ポーランドでひとはどのようにしてジャコバンになるのか――ユゼフ・パヴリコフスキの軌跡」中澤達哉編『王のいる共和政――ジャコバン再考』岩波書店、八〇―九三頁。

今野元［二〇〇九］『多民族国家プロイセンの夢――「青の国際派」とヨーロッパ秩序』名古屋大学出版会。

白木太一［二〇〇五］『近世ポーランド「共和国」の再建――四年議会と五月三日憲法への道』彩流社。

白木太一［二〇一六］『〔新版〕一七九一年五月三日憲法』群像社。

田口雅弘［二〇二一］『第三共和国の誕生――ポーランド体制転換一九八九年』群像社。

中澤達哉［二〇一四］「二重制の帝国から「二重制の共和国」と「王冠を戴く共和国」へ」池田嘉郎編『第一次世界大戦と帝国の遺産』山川出版社、一三五―一六五頁。

中澤達哉［二〇二三］「「王のいる共和政」から「王のいない共和政」へ――立憲君主政と民主共和政をめぐる一九～二〇世紀史への展望」『九州歴史科学』第五〇号、六四―七四頁。

中山昭吉［一九九四］「コシチューシコ没後一〇〇周年とロシア一〇月革命――ペトログラードを視座に」『東欧史研究』第一七号、五九‐八四頁。

中山昭吉［二〇〇〇］「帝政末期ペトログラードのポーランド人社会――ロシア二月革命研究への新視点」中山昭吉、松川克彦編『ヨーロッパ史研究の新地平――ポーランドからのまなざし』昭和堂、二三一‐二五四頁。

野村真理［二〇二二］『ガリツィアのユダヤ人［新装版］――ポーランド人とウクライナ人のはざまで』人文書院。

早坂眞理［一九八七］『イスタンブル東方機関――ポーランド亡命愛国者』筑摩書房。

早坂眞理［二〇一九］『近代ポーランド史の固有性と普遍性――跛行するネイション形成』彩流社。

林忠行［二〇二一］『チェコスロヴァキア軍団――ある義勇軍をめぐる世界史』岩波書店。

福元健之［二〇一五］「党派間連帯の模索――ロシア領ポーランドの1905年革命」『西洋史学』第二五七号、一‐二〇頁。

福元健之［二〇二三a］「ポーランドの再建と簡易食堂（一九一八‐一九二一年）――ウッチ市からみる」『史林』第一〇六巻第一号、一四七‐一八四頁。

福元健之［二〇二三b］「ポーランド国家形成過程における自治体と知識人――第一次世界大戦期ウッチ市の医師を中心に」『西洋史学論集』第六〇号、一八‐三六頁。

宮崎悠［二〇一〇］『ドモフスキとポーランド問題――国民的独立のパトスとロゴス』北海道大学出版会。

宮崎悠［二〇二三］『戦勝記念碑とピアニスト――一九一〇年七月一五日演説にみるパデレフスキの政治思想』群像社。

村田優樹［二〇二二］「二〇世紀初頭のウクライナ・ナショナリズムとロシア・ナショナリズム――「独立説」と「一体説」の系譜」『現代思想』第五〇‐六号、四三‐五一頁。

安井教浩［二〇一七］『リガ条約――交錯するポーランド国境』群像社。

山田朋子［二〇一三］「二〇世紀初頭ポーランド女性解放運動とナショナリズム――『ステル』を中心に」『東欧史研究』

第三五号、七九―九一頁。
山田朋子［二〇一七］『一一月蜂起とポーランド王国』群像社。
吉岡潤［二〇一四］『戦うポーランド――第二次世界大戦とポーランド』東洋書店。

謝辞

本書の骨子をなす構想は、九州歴史科学研究会編『九州歴史科学』第五〇号に掲載された「一九一八年ポーランドの独立をめぐる諸問題――ジェチポスポリタ（共和国）の革命？」で論じました。本書で論じたテーマに関しては、今井宏昌氏、中澤達哉氏、神原ゆうこ氏、石野裕子氏、梶さやか氏、辻河典子氏、門間卓也氏、小山哲氏、阿南大氏から貴重なご教示を賜りました。草稿に丁寧にコメントをいただいた白木太一氏にも、厚く御礼申し上げます。勤務先である福岡大学人文学部歴史学科の先生方や学生のみなさんからも、研究のための活力を日々いただいています。

この他にも多くの方からいただいたご助力なくしては、本書は成立しえませんでした。しかし、それと同時に忘れられないのは、提出期日が近づくにつれて精神的余裕がなくなるなか、温かく見守り、支えてくれたパートナーである悠紀の存在です。

最後に、本書を故中山昭吉先生、故早坂眞理先生に捧げることをお許しいただきたいと思います。私自身は限られた機会にしかお会いできませんでしたが、中山先生の論稿を読むたび、「パンチのあるテーマ」「キーワードは三つ」「大風呂敷を広げて」とおっしゃる声が聞こえる気がします。

福元 健之（ふくもと けんし）
福岡大学人文学部講師、博士（文学）
1988 年生。北海道大学文学部卒業。京都大学大学院文学研究科で修士号、博士号を取得。ポーランド政府奨学金でウッチ大学に留学。日本学術振興会特別研究員などを経て現職。
〈主要業績〉（Kamil Śmiechowski、Marta Sikorska-Kowalska との共著）*Robotnicy Łodzi drugiej połowy XIX wieku. Nowe kierunki badawcze* (Łódź 2016)、（章を担当）服部伸編『身体と環境をめぐる世界史――生政治からみた「幸せ」になるためのせめぎ合いとその技法』（人文書院、2021 年）など。

Niniejsza publikacja została wydana w serii wydawniczej
„Źródła historyczne do dziejów Polski"
w ramach „Biblioteki kultury polskiej w języku japońskim"
przygotowanej przez japońskie stowarzyszenie „Forum Polska",
pod patronatem i dzięki finansowemu wsparciu wydania przez Instytut Polski w Tokio.

本書は、ポーランド広報文化センターが後援すると共に出版経費を助成し、
「フォーラム・ポーランド」が企画した
《ポーランド文化叢書》の一環である
《ポーランド史叢書》の一冊として刊行されました。

ポーランド史叢書 9

王(おう)のいない共和国(きょうわこく)の誕生(たんじょう)

2023年12月13日　初版第1刷発行

著　者　福元 健之

発行人　島田進矢

発行所　株式会社 群 像 社
神奈川県横浜市南区中里 1-9-31 〒 232-0063
電話／FAX 045-270-5889　郵便振替　00150-4-547777
ホームページ　http://gunzosha.com
E メール info@gunzosha.com
印刷・製本　モリモト印刷

カバーデザイン　寺尾眞紀

ISBN978-4-910100-33-3

ポーランド史叢書

1 ブレスト教会合同　福嶋千穂

分裂した東西の教会のはざまにあったウクライナで東方カトリック教会が生まれるきっかけとなった教会合同。ポーランド・リトアニア国家のもとで生きる道を模索したキエフ府主教座教会の苦難の歴史と現在。 ISBN978-4-903619-61-3

2 [新版] 1791年5月3日憲法　白木太一

世界で二例目の成文憲法として近代国家の理念を打ち立てたポーランド憲法。成立までの政治家の動きを追い、分割によって国を失うことになったポーランド国民の独立の象徴として後世に受け継がれた憲法の意義を解く。 ISBN978-4-903619-67-5

3 ポーランド国歌と近代史 ドンブロフスキのマズレク　梶さやか

国民国家のシンボルとして歌われる国歌は再三の分割支配に苦しんだポーランドでどのように成立していったのか。独立を目指す人々の心の支えとなった愛国歌が国歌になるまでの過程と周辺諸民族に与えた影響を明かす。 ISBN978-4-903619-72-9

4 リガ条約 交錯するポーランド国境　安井教浩

ソヴィエト・ロシアとの戦争を終結させ新生ポーランドの国家像を決めることになった 1921 年のリガ条約締結に至るまでの政治的ダイナミズムを描き、条約によって翻弄される人々や民族と国境のもつ意味を問う。 ISBN978-4-903619-83-5

5 ポーランド年代記と国家伝承　荒木 勝

ポーランドの国家の起源を最初に語った 11 世紀の年代記とその百年後に文学的に薫り高く国家の起源を物語った年代記を比較しながらポーランドの国家伝承の基本的な特徴を描く。 ISBN978-4-903619-92-7

6 十一月蜂起とポーランド王国　山田朋子

ショパンの心を揺さぶった 19 世紀初めの蜂起は国家なき時代にポーランド人が民族意識の拠り所となった重要な出来事だった。ポーランド人のアイデンティティに関わる蜂起の展開と意味を史料とともに伝える。 ISBN978-4-910100-02-9

7 第三共和国の誕生 ポーランド体制転換 一九八九年　田口 雅弘

東欧社会主義諸国の体制転換、ソ連崩壊の先駆けとなったポーランドの非共産党政権の成立は社会主義体制を資本主義体制に移行させる大きな実験の場でもあった。この体制転換期を理解するための重要な史料を翻訳、解説。 ISBN978-4-910100-21-0

8 戦勝記念碑とピアニスト　宮崎悠

一九一〇年七月一五日演説にみるパデレフスキの政治思想

ポーランドとリトアニアの連合軍がドイツに勝利した 500 年前のグルンヴァルト戦勝の記念碑を企画・実現したピアニストにして独立ポーランド国家の初代首相パデレフスキ。当時の動向と歴史的背景を除幕式典の史料をとともに解説。

ISBN978-4-910100-27-2

各巻 1500 円（税別）